U0137280

（台北）蔚理法律事務所

電話：（02）25528919

網址：www.weli.com.tw

信箱：penny9451@gmail.com

地址：104 台北市中山區錦西街62號

老子的正言若反、莊子的謬悠之說……《鵝湖民國學案》正以「非學案的學案」、「無結構的結構」、「非正常的正常」、「不完整的完整」，詭譎地展示出他又隱涵又清晰的微意。

曾昭旭教授推薦語

願台灣鵝湖書院諸君子能繼續「承天命，繼道統，立人倫，傳斯文」，綿綿若存，自強不息。蓋地方處士，原來國士無雙；行所無事，天下事，就這樣啓動了。

林安梧教授推薦語

喚醒人心的暖力，煥發人心的暖力，是當前世界的最大關鍵點所在，人類未來是否幸福，人類是否還有生存下去的欲望，最緊要的當務之急，全在喚醒並煥發人心的暖力！

王立新（深圳大學人文學院教授）

人們在徬徨、在躁動、在孤單、也在思考，希望從傳統文化中吸取智慧尋找答案；另一方面是割不斷的古與今，讓我們對傳統文化始終保有情懷與敬意！依然相信儒家仁、愛之說仍有益於當今世界。

王維生（廈門筼簹書院山長）

翡翠文叢
001

鵝湖民國學案

呂榮海 賴研 蕭新永 洪文東
周隆亨 潘俊隆 陳應如 蕭祖媛
等35人 合著

華夏出版

鵝湖民國學案

呂榮海 賴研 蕭新永 洪文東 周隆亨 潘俊隆 陳應如 陳祖媛等35人 合著

老子的正言若反、莊子的謬悠之說……
《鵝湖民國學案》正以
「非學案的學案」、「無結構的結構」、
「非正常的正常」、「不完整的完整」，
詭譎地展示出他又隱涵又清晰的微意。
—— 曾昭旭教授推薦語

勞基法綱要

呂榮海 著

易簡工夫終久大，支離事業竟浮沉。
欲知自下升高處，真偽先須辨只今。（陸九淵）

序文

　　在民主法治的社會中，「勞基法」是一部「射程」蠻廣的法律，幾乎所有的人和它都有關係（公務員除外），受僱人的權益靠它保護，僱主的成本、責任也和它有關。

　　余在台大法律系研究所博士班，受兩岸著名民法、法學方法論名教授王澤鑑指導，余撰寫博士論文「勞動法法源及其適用關係之研究」，即致力於「勞基法」之學習與研究，執行律師業務亦以「勞基法」為主要領域之一，且擴及兩岸的勞動法，並先後撰寫三本《勞動基準法實用》，對勞資關係、階級流動（障礙）深有體會，又因曾任行政院公平交易委員會首屆委員因而對產業經濟有深刻的體悟，綜羅了勞、資，較全面觀察了當今社會全貌，包括勞資關係。

　　近年來受大學法律學院之聘，講授「勞動基準法」，深感對於初學者需要一本「簡明」、「易簡」之材料，引導其入門，接近「勞基法」，而不致於「望而生畏」。

　　近十多年重點重溫儒學、理學義理，知「理一分殊」，固

NOTE

然「有理走遍天下」，然而「公說公有理，婆說婆有理」，如失「本心」，再多「窮理」亦是枉然而費事，窮心窮力而費財，必須融合二者，雙方互相自省，互相溝通，以鵝湖之會宗旨，爭取共識。陸九淵說「易簡工夫終久大」，余深有同感，於是將繁複法律「由博而約」成此「綱要」矣，是為序。

呂榮海律師

NOTE

CONTENTS

C O N T E N T S

第1講
勞資關係緒說與經濟社會變遷、階級流動、社會瀑差價值（之1）

一、幾乎每個人會碰到的法律：勞基法
1、受僱人受勞基法保障
2、僱用人（企業）須負勞基法成本及責任
3、失業時期：就業服務法
4、還有不少被騙、被虐：勞動刑法
5、公務員除外
　・公務員兼勞工身分者，適用公務員法令（§84）

二、案例的啟示
1、退休外商主管於2008年金融海嘯被減薪，於2022年申請新北市勞動局調解成立討回三千萬**補償**減薪、分紅、專利利益（2022.2.14聯合報、2022.2.15中時新聞網）
2、中興銀行經營不善，減行員薪水，八百多名行員委託律

NOTE

師追討被減的薪水，銀行抗辯「情事變更」，法院判決
確定銀行應補四千多萬被減的薪水：當事人最多的案例

3、「十天賺十萬」的求職廣告，面試時卻被拘禁（TVBS
新聞網，2022年6月17日）→謹慎小心

4、《台版》柬埔寨求職詐騙案，警方救出五十八名被關被
虐待者，三名被虐死（中時新聞網2022.11.8）→防人之
心不可無

5、2023年2月7日壹蘋新聞網、經濟日報網站報導、《鏡週
刊》報導，鴻海集團與其MIH計畫技術長魏國章間發生
「逼退」及終止契約、僱傭或委任之爭執，魏國章向法
院提告並請求五千兩百萬元賠償。

三、經濟社會變遷與階級流動及固化

1、從農業社會走出：農民進城、進公司成為勞動者

2、Mechanization,第一次工業革命Water power, steam power

3、Mass prodution,第二次工業革命
assembly,electricity電子革命

4、Computer and automation第三次工業革命

5、Cyber physical systems
・智慧整合感控系統（cps）：建立人機協同智慧工
廠；透過網路連結形成物聯網，人、機、物互動

NOTE

　　・德國「工業4.0」的願景

6、第五次工業革命？

　　・人工智慧

7、每一次工業革命都引起財富重分配、階級流動／剩餘價值？或「社會瀑差價值」？

8、階級固化與社會不安

9、先行？後行？歐洲、北美、日本、四小龍、東亞、印度的腳步

10、小國、中型國、大國的快慢優劣

四、以十二千金股為例，分析社會瀑差價值、階級流動與風險

1、通貨膨脹、貨幣戰爭

2、富國與窮國

3、富人與窮人

4、把握每一個經濟巨變，可享「社會瀑差價值」所產生之財

5、也有風險，2021年的十二千金股至2022年11月只剩四支千金股

6、FTX（虛擬貨幣交易所）破產

7、享有社會瀑差價值及財產形成之主要形式、媒介

NOTE

> ・企業、新創企業
> ・股票
> ・債券
> ・房地產
> ・現金與利息
> ・專有技術、知識（含法律知識）

五、《史記・貨殖列傳》的啟示（詳見第1講之2）

無財作力

少有鬥智

既饒爭時（《史記・貨殖列傳》）（享用社會瀑差價值）

六、被動收入、勞動者財產形成與階級流動與固化

1、現代的流行用語「被動收入」

2、租金

3、股息

4、債息、利息

5、太陽能

6、種樹

七、階級流動的歷史考察與現在、未來

NOTE

1、富國、窮國

2、富人、窮人

3、本富、末富、奸富（史記貨殖列傳）

4、居之一歲，種之以穀；十歲，種之以樹；百歲，來之以德；德者，人物之謂也

5、貧富差距與階級鬥爭？二十世紀的血淚史

6、二十一世紀的路是否平坦

八、勞動法之二極化

1、法令嚴密化及其弊端（階級流動亦不易）

2、去勞基法化的現象

・勞動派遣

・外送平台

・入股

・當沖股

・網紅

・自由職業（自僱）

九、勞基法五大三小課題

五大：

1、勞動契約與委任契約、承攬契約之區別

NOTE

2、勞動契約重點問題

3、勞動契約之終止

4、職業災害

5、退休制度

三小：

1、工作時間、請假、休假、加班（費）

2、女性、童工

3、法律責任、監督與檢查

NOTE

第1講
勞資關係緒說與經濟社會變遷、階級流動與社會瀑差價值（之2）

《史記‧貨殖列傳》精華

1、國家干預經濟的優劣

善者因之，

其次利道之

其次教誨之，

其次整齊之，

最下者與之爭。

2、各種物資

……皆人民所喜好謠俗被服飲食奉生送死之具也

3、各行各業

待農而食之，

虞而出之，

工而成之，

NOTE

商而通之，
此誠有政教發徵期會哉？

4、任其能，得所欲
人各任其能，竭其力，以得所欲。

5、買賣原理
故物賤之徵貴，貴之徵賤，

6、就業、經濟原理
各勸其業，樂其事，若水之趨下，日夜無休時，不召而自來，不求而民出之，豈非道之所符，而自然之驗耶？

7、市場失調時
農不出則乏其食，
工不出則乏其事，
商不出則三寶絕，
虞不出則財匱少。

8、原大（市場大）則饒
此四者，民所衣食之原也，原大則饒，原小則鮮。上則富國，小則富家。貧富之道，莫之奪與，而巧者有餘，拙者不足。（注：現代社會不只此四者）

9、齊國的經齊政策（一）
故太公望封於營丘，地潟鹵，人民寡，於是太公勸其女功，極技巧，通魚鹽，則人物歸之，繦至而輻湊。故齊

NOTE

_____

_____

_____

_____

冠帶衣履天下，海岱之間斂袂而朝焉。

10、齊國的經濟政策（二）

其後齊中衰，管子修之，設輕重九府，則桓公以霸，九合諸侯，一匡天下，而管氏亦有三歸，位在陪臣，富於列國之君。是以齊富強至於威、宣也。

11、人富而仁義附焉

故曰：「倉廩實而知禮節，衣食足而知榮辱。」

禮生於有而廢於無。

故君子富，好行其德；小人富，以適其力。

淵深而魚生之，山深而獸往之。

人富而仁義附焉。

12、勾踐復國的財政基礎（計然、范蠡的經濟政策）

昔者越王勾踐困於會稽之上，乃用范蠡、計然。計然曰：「知斗則修備，時用則知物，二者形則萬貨之情可得而觀已……貴上極則反賤，賤下極則反貴。貴出則糞土，賤取如珠玉。財幣欲其行如流水。」修之十年，國富，厚賂戰士，士赴矢石，如渴得飲，遂報強吳，觀兵中國，稱號「五霸」。

13、言富者皆稱陶朱公

范蠡既雪會稽之恥，乃喟然而嘆曰：「計然之策七，越用其五而得意。既已施於國，吾欲用之家。」乃乘

NOTE

扁舟浮於江湖，變名易姓⋯⋯之陶為朱公。朱公以為陶天下之中，諸侯四通，貨物所交易也，乃治產積居，與時逐而不責於人。故善治生者，能擇人而任時，十九年三中三致千金，再分散與貧交疏昆弟，此所謂富好行其德也。後年衰老而聽子孫，子孫修業而息之，遂至少巨萬。故言富者皆稱陶朱。

14、子貢助孔子名布揚於天下

子貢既學於仲尼，退而仕於衛，廢著鬻財於曹、魯之間，七十子之徒，賜最為饒益。原憲不厭糟糠，匿於窮巷。子貢結駟連騎，束帛之幣以聘享諸侯，所至，國君無不分庭與之抗禮。夫使孔子名布揚於天下者，子貢先後之也。此謂得執而益彰者乎？

15、白圭，樂觀時變，言治生祖白圭

白圭，周人也。當魏文侯時，李克務盡地力。白圭樂觀時變，人棄我取，人取我與。夫歲熟取穀，予之絲漆；⋯⋯太陰在卯，穰；明歲衰惡。至午，旱；明歲美⋯⋯欲長錢，取下穀⋯⋯能薄飲食，忍嗜欲，節衣服，與用事僮僕同苦樂，趨時若猛獸摯鳥之發。故曰：「吾治生產，猶伊尹、呂尚之謀，孫吳用兵，商鞅行法是也。是故其智不足以權變，勇不足以決斷，仁不能以取予，彊不能有所守，雖欲學吾術，終不告

NOTE

之矣。」蓋天下言治生祖白圭，白圭其有所試矣，能
試有所長，非苟而已也。

16、猗頓、郭縱

猗頓用鹽起。而邯鄲郭縱以鐵冶成業，與王者埒富。

17、秦始皇看重烏氏倮牧

烏氏倮牧，及眾，斥賣。求奇繒物，閒獻遺戎王。戎
王什倍其償，與之畜，畜至用谷量馬牛。秦始皇帝令
倮比封君，以時與列臣朝請。

18、巴寡婦清

而巴寡婦清，其先得丹穴，而擅其利數世，家亦不
訾。清，寡婦也，能守其業，用財自衛，不見侵犯。
秦皇帝以爲貞婦而客之，爲筑女懷清台。夫倮鄙人
牧長，清窮鄉寡婦，禮抗萬乘，名顯天下，豈非以富
邪？

19、擴大市場之利與人身自由？

漢興，海內爲一，開關梁，弛山澤之禁，是以富商大
賈周流天下，交易之物莫不通，得其所欲，而徙豪傑
諸侯強族於京師。

20、本富、末富、奸富

是故本富爲上，末富次之，奸富最下。

21、貧者之資

NOTE

夫用貧求富，農不如工，工不如商，刺繡不如倚市
門，此言末業，貧者之資也。

22、誠壹所致，富無經業，貨無常主

纖嗇筋力，治生之正道也，而富者必用奇勝。田農，
掘業，而秦揚以蓋一州。掘冢，姦事也，而田叔以
起。博戲，惡業也，而桓發用富。行賈，丈夫賤行
也，而雍樂成以饒。販脂，辱處也，而雍伯千金。賣
漿，小業也，而張氏千萬。灑削，薄技也，而郅氏鼎
食。胃脯，簡微耳，濁氏連騎。馬醫，淺方，張裏擊
鐘。此皆誠壹所致。由是觀之，富無經業，則貨無常
主，能者輻湊，不肖者瓦解。

23、以末致財，用本守之；以武一切，用文持之

請略道當世千里之中，賢人所以富者，今後世得以觀
擇焉：蜀卓氏……程鄭……宛孔氏……刀閒……師
史……宣曲任氏橋姚……無鹽氏……關中富商大賈田
嗇……田蘭……此其章章尤異者也，皆非有爵邑奉祿
弄法犯姦而富，盡椎理去就，與時俯仰，獲其贏利，
以末致財，用本守之，以武一切，用文持之，變化有
概，故足術也。

24、本富

「……此其人皆與千戶侯等，然是富給之資也，不窺

NOTE

市井，不行異邑，坐而待收，身有處士之義而取給
焉……」

「今治生不待危身取給，則賢人勉焉……」

25、百年人生樹之以德

謚曰：「百里不販樵，千里不販糴」，居之一歲，種
之以穀，十歲，種之以木；百歲，種之以德。德者，
人物之謂也……

26、素封

今有無秩祿之奉、爵邑之入，而樂與之比者，命曰：
素封。封者，食租稅，歲率戶二百，千戶之君則二十
萬，朝覲聘享出其中。庶民農工商賈，率亦歲萬息
二千，百萬之家則二十萬，而更傜租賦出其中。衣食
之欲，恣所好美矣……此其人皆與千戶侯等。

……千金之家比一都之君，巨萬者乃與王者同樂。豈
所謂「素封」者邪？非也？

注：以2022年的幣值而論，如果有「被動收入」年收
兩百萬元台幣

27、三種階層

「……是以無財作力，少有鬥智，既饒爭時……」

（《史記貨殖列傳》，呂榮海、王玉青編，法律古文
今用P59）

NOTE

28、嫁富

趙女鄭姬，設形容，揳鳴琴，揄長袂，躡利屣，目挑心招，出不遠千里，不擇老少者，奔厚富也。

29、裝富

游閒公子，飾冠劍，連車騎，亦爲富貴容也。

30、舞文弄法

吏士舞文弄法，刻章僞書，不懼刀鋸之誅者，沒於賂遺也。

31、商賈

農工商賈畜長，固求富益貨也。此有知盡能索耳，終不餘力而讓財矣。

32、人之情性

……安歸乎？歸於厚富也。是以廉吏久，久更富，廉賈歸富。富者，人之情性，所不習而俱欲者也。……其實，皆爲財用耳。

33、患貧

夫千乘之王，萬家之侯，百室之君，尚猶患貧，而況匹夫編戶之民乎？

NOTE

第2講
勞基法之適用範圍／僱傭？委任？承攬？

【問題】

　　談到勞基法適用範圍的問題，首先面臨的就是：只有勞動契約才有勞基法之適用，因此，何謂勞動契約？它和僱傭契約、委任契約、承攬契約有什麼不同？僱傭契約、委任契約、承攬契約之當事人有無勞基法之適用？便成爲格外的重要！

【解說】

一、勞動契約與僱傭契約

　　　　民法僱傭契約將雙方當事人「假設」當作獨立、自由、平等的主體，自由地成立提供勞務與支付報酬的對價關係，勞動契約之概念，係針對民法世界之自由、平等、獨立之律主體……，加以規制而被確立，其係與僱傭契約不同角度之「勞資間之契約」，通

NOTE

說並以「從屬性」作爲勞動契約之特徵，從屬性包含人格上的從屬性：將勞工置於僱主得以支配勞動力之範圍，對違規之勞工有合理之懲戒權；經濟上的從屬性：勞工在經濟上較爲弱勢，依附於企業，以勞力、服勞務，獲取工資；組織上的從屬性：納入雇主之生產指揮體系，並與同僚分工合作。勞動契約之特徵在於從屬性，台北高等行政法院103年度簡上字第115號判決即認爲「勞動契約不以民法所規定之僱傭契約爲限，以勞務給付之契約，具有從屬勞動之性質者，縱兼有承攬、委任等性質，仍應認屬勞動契約。又契約類型之判斷區分上有困難時，基於勞工保護之立場及資方對於勞務屬性不明之不利益風險較有能力予以調整之考量，原則上應認定係屬勞動契約，以資解決」，最高法院89年台上字第1301號判決亦認爲「關於勞務給付之契約，其具有從屬性勞動性質者，縱有承攬、委任性質，亦應屬勞動契約」。

　　另，亦有以相異之角度，想要達到近似之目的，認爲縱使是委任契約，但具有從屬性之特徵，亦應類推適用僱傭契約中民法487條保護勞工權益之規定。

二、勞動契約與委任契約

　　委任是委託他人處理事務之契約（民法528條），

NOTE

因為，受任人仍有基於其知識、經驗、手腕處理該事務之「自主性」，故一般認為它與具有「從屬關係」、「指揮命令關係」之僱傭契約及勞動契約不同。此種「觀念上」的區別看簡單，然而實際是世事複雜，在具體案例中，如何認定委任契約或勞動契約，並非易事，尤其是，因為世事複雜，一個契約常是混合各種要素的「混合契約」或是介於兩種契約中之中間類型，而不是單純某一特定類型之契約，更加深了認定契約類型之複雜性！因此，為了易於處理，本文建議將「如何認定勞動契約或委任契約」之命題，換成「某個案例在何種情況下應屬勞動契約之射程範圍內，而應受勞動基準法之拘束」之問題。於思考此問題時，應注意❶契約類型之過渡性質，❷混合契約等問題，認為某一案例雖屬於委任契約與僱傭契約之過渡類型或混合契約，但是只要當事人之間具有使用從屬性、指揮命令關係，即應視為在「勞動契約」之射程範圍內，而有勞動基準法之適用。

1.以經理為例

　　通常從私法之角度認為：經理與公司間之法律關係為「委任契約」，公司法第29條第2項亦規定「公司經理之委任……」。但，也有勞委會函認為「具有總

NOTE

經理、經理職稱等人員如僅係受僱用從事工作獲致報酬者，有關勞動條件，自應依勞動基準法辦理」。大法官會議釋字第740號解釋「勞務給付之性質，按個案事實客觀探求各項契約之類型特徵，諸如與人從屬性（或稱人格從屬性）有關勞務給付時間、地點或專業之指揮監督關係及是否負擔業務風險，判斷是否勞動契約」。

　　之所以動用到大法官係因「經理是否為勞動契約」一直有爭議，法院判決也是case by case 由法官「自由心證」，莫衷一是。甚至，最高法院83年度台上字第72及第1018號判決「開了惡例」，認為「受任人給付勞務，僅為手段，除當事人另有約定外，得在委任人所授權範圍內，自由裁量決定處理一定事務的方法，以完成委任之目的。而所謂僱傭，則指受僱人服勞務之契約而言，僱傭之目的，僅在受僱人單純提供勞務，**有如機械，對於服勞務之方法毫無自由裁量之餘地**」，過於簡化地以「自由裁量」或「有如機械，毫無自由裁量」作為區別的標準，完全背於二十一世紀許多僱傭的工作實際上是智力工作並非「有如機械」，還是需要「動腦筋」及「裁量」的，法官過於「簡化的不當切割」不僅無理，也為司法帶

NOTE

來許多無止境、不必要的「忙碌」工作。

2.保險業務從業人員

　　主管機關公告將保險業於87年4月1日納入適用勞基法，惟因保險業務之特殊，主管機關勞委會（後改為勞動部）邀集保險業勞、資雙方代表及專家、學者研商，獲致共識如下：（一）基於契約自由原則，以雙方自由訂定為原則（略）；（二）公告適用勞基法之行業，其從業人員並非當然有該法之適用，仍應就實務上認定其勞務給付型態是否為僱傭關係而定；（三）財政部依保險法訂定之「保險業務員管理規則」在實務上傾向僱傭契約現象及課稅，本會將函請財政部參考；（四）、（五）勞、健保之處理（略），如經認定非原有僱傭關係，不影響契約當事人既存社會保險權益；（六）希望各保險事業單位重新審視，確立用人型態，以避免爭議及營運成本上不可預期的支出。（勞委會（90）監勞資（二）0009867號函）

3.以顧問為例

4.以兼職教師為例

5.以鴻海集團與其MIH計畫技術長魏國章先生之爭議
　　訴訟為例，鴻海集團主張「委任關係」，可以成

NOTE

立嗎？經得起「組織的從屬性」、「人格的從屬性」、「經濟的從屬性」的考驗嗎？以及「誠實信用原則」的考驗嗎？

三、勞動契約與承攬契約

區別勞動契約（或僱傭契約）與承攬契約，是適用勞基法的一項重要工作，此從勞基法公布施行或是逐步將多數行業公告適用勞基法後，許多企業紛紛設法將僱傭改爲承攬，即可見其一斑。

按承攬係以完成一定工作爲目的之契約（民法第490條），就承攬人必須對工作之完成負責任之點而言，承攬實不同於勞動契約或僱傭契約。

1.判斷要素

然而，由於世事複雜，有許多勞務關係形式上雖具有承攬之外形，但從其實質加以觀察，其間可以被認爲有「使用從屬關係」者，仍應視爲「勞動關係」，而有勞基法之適用。判斷一個承攬人，必須判斷該承攬人是獨立之事業主、是負擔事業計劃、損益計算、危險負擔之主體、執行勞務時不受他人之指揮監督、得爲器材之調度，尤其是，應檢討該事業之沿革及社會經濟力等因素，以判斷其間是否具有使用從屬關係。判斷使用從屬關係之「因素」有：❶對於工

NOTE

_____

_____

_____

_____

作之請託、業務之執行有無承諾與否之自由，❷有無時間、場所之拘束性－勤務時間（上班、下班）、場所之指定，❸有無由雇主決定業務之內容，於業務執行過程中，雇主有無一般的指揮監督權，❹勞務提供有無代替性，❺報酬對勞動本身有無對價性格－對勞動之品質較差、曠工有無扣薪、加班有無加班費、有無扣繳所得稅……等因素。

2.以foodpanda熊貓食物外送平台為例

教學相長，某大學法律系學生Max 報告他曾在foodpanda（熊貓）食物外送平台做食物外送服務工作，**與平台簽訂承攬契約**，按送件數量，平台每半個月結算、結帳一次，將他所應得到的款項匯入他在中國信託銀行之帳號。

3.以保險業務代表為例

某大保險公司明示與保險業務代表簽訂「業務代表承攬合約書」。

4.以「房屋仲介」為例

某大品牌房屋仲介公司之加盟業者與其旗中「房屋仲介人員」簽訂「業務承攬合約書」。

5.假承攬、真僱傭（博○來案）

國內網路書店「博○來」因解僱一名年資二十多

NOTE

_____

_____

_____

_____

年清潔工，遭疑是「假承攬、眞僱傭」而灌爆臉書，為此母公司將總經理調離現職，啓動內部調查，拜訪該清潔工，雙方達成共識，支付該清潔工勞保、勞退金、資遣費等補償金額（2022.12.25經濟日報）。該公司及母公司可說有勇氣處理得宜，平息之。

NOTE

- -

- -

- -

- -

第3講
勞動契約重點問題

一、成立：口頭、書面皆可
- 民法第153條：雙方意思表示一致者，契約成立

二、事實上的契約關係

三、定期契約、不定期契約
定期契約：臨時性

短期性

季節性

特定性

不定期契約：有繼續性工作

視爲不定期：

（1）又繼續，不即表示反對

（2）又訂新約，合計超過九十日，間斷未超過三十日不定

NOTE

期契約才比較有保障（退休、資遣規定之利益）

四、離職後競業禁止（§9-1）
1、雇主有應受保護之正當營業利益
2、勞工之職位能接觸營業秘密
3、競業禁止之期間、區域、範圍、就業對象，未逾合理範圍（兩年以內）
4、合理補償
（由學說、案例到立法的發展過程）

五、調動（5原則）（§10-1）
1、經營上所必須，不得有不當動機
2、未不利變動勞動條件
3、體能及技術可勝任
4、過遠須協助
5、考量家庭之生活利益
（由解釋、案例到立法的發展過程）

六、最低服務年限、賠償、違約金（§15-1）
（一）要件，違反時無效
　　1、為勞工進行專業培訓及支出費用

NOTE

　　　　2、遵守最低服務年限，提供合理補償
　（二）不得逾合理範圍
　（三）不可歸責時免賠
　　　　（由學說、案例到立法的發展過程）

七、智財權約定
　・著作權法及專利法的規定
　・特約優先適用

八、保密約定
　（1）保密之必要性、價值性
　（2）有保密的約定
　（3）保密措施、管制
　（4）刑事責任、民事責任
　（5）呂律師辦過的案例（刑事、民事追訴靈活運用）

九、試用
　❶法律未規定
　❷可以約定試用
　　→契約自由、憲法規定的自由權
　❸試用多久？

NOTE

．86年前之勞基法施行細則6III：四十天
．行業歧異：自由，但不違反公序良俗
❹通說：終止權保留說
❺三十日內考核（最高法院93台上74）
❻延長試用期間（一再延）是否有利於勞工
❼職災仍依勞基法
❽雙方都有較寬、較有彈性的終止、解除決定權是否正式任用
❾客觀標準、合理理由比較好（桃院105勞訴82）
❿年資合算
⓫其他勞動條件不能有差別

十、電傳勞動
❶在僱主的場所外，藉電腦資訊技術與電子通訊設備
❷上、下班？
❸費用（如電費）、辦公室成本
❹工作時間怎麼算
❺出去吃飯、交通事故與職災
❻休假？

十一、就勞請求權

NOTE

❶接受勞務是僱主的權利，還是也是義務？

❷勞方可否有「就勞請求權」？證明「不工作，職業技術無法進步」

❸焦點：雇主是否應容許進入工作場所提供勞務？勞方可否聲請「假處分」進入工作場所？（呂律師辦過的某報案例）

❹民法487：無補服勞務之義務，仍得請求報酬
（最高法院89台上2267、29年上字965判例）

❺延伸運用：因「欠付報酬」而終止契約，並請求資遣費

十二、勞動派遣（§17-1）

（一）當事人

　　　　1、勞工（派遣勞工）

　　　　2、派遣事業單位（供給勞動力）

　　　　3、要派單位（需求勞動力）

（二）要派單位不得於其他二主體間簽約前先面試勞工，如違反，派遣勞工有權要求在九十日內直接簽約

（三）如協商未成，視為成立勞動契約

（四）不得為不利之處分

（五）違反上述，無效

（六）勞工不負違反期限之賠償責任

NOTE

（七）有「請求退休金、資遣費之權利」

（八）勞災之連帶責任（§63-1）

NOTE

....

....

....

....

第4講
解僱、終止契約、資遣

一、終止與解除、撤銷？

二、解僱、終止契約與資遣

三、終止勞動契約的邏輯

{ 終止有效、無效的爭議
確認僱傭關係存在、
繼續給付薪資 }

四、訴之聲明

（一）確認原告與被告間僱傭關係存在。

（二）被告應自111年4月15日起至合法終止時止按月給付原告新台幣五萬元及各自應給付日翌日起按年息百分之五計算之利息。

（三）訴訟費用由被告負擔。

NOTE

（四）第二項請依職權宣告假執行。

五、終止契約兩大類

（1）有資遣費的終止契約（勞基法§11、20）

須預告的

（2）沒有資遣費的終止契約（勞基法§12）

不須預告的

六、（1）經濟、經營環境之因素（勞基法§11）

（2）勞方之過錯（勞基法§12）

七、歇業

轉讓

八、虧損

業務緊縮

九、不可抗力暫停工作一個月以上

例如：疫情為不可抗力

十、業務性質變更，有減少勞工之必要，又無適當工作可

供安置

例如：製造業改為貿易（沙拉油進口、糖進口）

十一、勞工對所擔任之工作確不能勝任（§11④）

1、雇主對勞工「確」不能勝任的舉證責任

NOTE

2、解僱「最後手段」成為「習慣法」（案例多），
增加了法律沒有規定的要件

3、終止不易，對勞方有利

十二、事業單位改組或轉讓（§20）

十三、預告期間
預告工資

十四、大量解僱法

十五、大量解僱勞工保護法

1、定義

（1）用三十人以下，六十日內解僱逾十人

（2）用三十至兩百人以下，六十日內逾二十人
或三分之一

（3）用兩百至五百人以下，六十日內逾五十人
或四分之一

（4）用五百人以上，六十日內逾八十人或五分
之一

（5）用五百人以上，六十日內逾兩百人或單日
逾一百人

2、解僱計劃六十日前通知主管機關、公告

3、十日內協商
十日內主管機關召集協委會

NOTE

4、禁止負責人出國
　　積欠工資、資遣費、退休金
5、罰則
6、優先僱用

NOTE

第5講
懲戒解僱（不預告之終止契約）（一）

一、立即終止、不預告之終止契約

二、懲戒解僱
- 勞基法第12條

（一）（詐稱經歷）

於訂立勞動契約時為虛偽意思表示，使雇主誤信而有受損害之虞

例1：證券交易業務

　　詐稱前雇主之薪資結構

　　（信用）判斷

　　（價值）判斷

　　（高院92重勞上6）

例2：未與原單位終止一切契約，糾紛尚待處理

　　· 尚在國安局留職停薪，應聘機師，影響出

NOTE

....

....

....

入境大陸（高院96重勞上23）

例3：刻意隱瞞與同期受訓之另一男學員交往（不
　　成立）

　　・私人領域：未婚與男子交往

　　・工作之結合關係非「全人格之結合關係」

　　（高院97勞上17）

例4：隱瞞「竊盜前科」→不成立

　　・未舉證曾詢問

　　・不負主動告知之義務

　　（桃園89勞訴15）

例5：虛報薪資

　　630,914元美金

　　固定報酬　　　278,000

　　任意性獎金　　352,910

　　稱：原雇主七十五萬美金，一半爲保證獎金

　　（台北地院90勞訴125）

例6：「○○紡織任職六年」

　　「○○水充任職兩年」

　　（板95勞簡上29）

例7：應徵貨車司機，未告知酒駕

　　被判拘役二十五天

NOTE

- -

- -

- -

- -

→成立

（桃園地院99勞訴8）

（二）暴行或重大侮辱行為

——對雇主、家屬

雇主代理人

對其他共同工作之勞工

‧動口不動手

‧動口（「重大」）

‧文字（「重大」）

例1：

68件：垃圾

大豬哥

龜仔子

矮仔雞

（最高92台上1631：肯定，發回）

（高雄高分院90勞上8：否定說）

例2：

工作時間外之業外行為，

私生活範圍：不能懲戒

（最高97台上423）

例3：

NOTE

未至「重大」程度，不得解僱

（台中高91勞上易3）

例4：

可受公評之事，縱措詞有不雅

或不當，非「重大」侮辱

（高院92重勞上11）

例5：

休假時、營業場所外

因協商討債，一言不合互毆，

偶發：不得解僱

（高院97勞上易112）

例6：

「做生意做一個客戶死一個客戶，永遠富不

起來」：成立

（高院99勞上易113）

（三）有期徒刑確定，未緩刑、易科罰金

．尚在調查、仍未起訴

得自請退休

（勞委83台勞動（三）73607號函）

NOTE

第6講
懲戒解僱（不預告之終止契約）（二）

（四）違反勞動契約或工作規則情節重大（此款非常重要）

例1、以情節重大為必要

（最高91台上1006）

例2、業績達成率不符業績辦法

・屬「不能勝任」（§11條5款）

不得依12條4款「違反工作規則」解僱

（最高91台上2203）

例3、重要判決

依12條4款終止契約，一旦符合退休要件，勞工仍
得請求退休金（延後給付之工資；既得權）

（最高92台上2152）

例4、在外債務糾紛及婚外情，致蔡女數次向上訴人機關
檢舉，並引發黑衣人至上訴人機關滋事、見諸媒
體，對上訴人機關之聲譽造成影響；隱瞞在外兼職

NOTE

之事實……違反工作規則情節重大

（高院98勞上27）

例5、證券商營業員利用客戶名義或帳戶申購

（高院98勞上102）

例6、解僱涉憲法保障工作權之核心範圍，期待雇主捨解

僱而採用對勞工影響較輕之措施，應符合憲法保障

工作權之價值……

（高院98勞上易23）

例7、房屋仲介業：有兄長（二等親）任職於（競爭性）

公司之總經理，未依規定向公司陳報（俾公司調整

職務），已影響信賴關係

（高院99重勞上9）

例8、（製藥業）

藥品供人體服用，製藥過程稍有不慎，有高度刑、

民責任。被上訴人四人呼朋引伴聚眾賭博，致該時

期藥品出現雜質、品質低落，只能售至孟加拉、大

陸，受有差價損失……客觀上已難期待上訴人採用

解僱以外之懲戒手段

（高院99年重勞上34）

例9、洩露財務資料（現金餘額）

・「現金餘額」屬極機密財務資訊，將資訊公開，

NOTE

已違反勞動契中之忠誠義務……辯稱：因公司打算減薪，要求員工簽減薪同意書，員工有了解公司經營狀況之必要，故寄工會同仁研究，顯不足以作爲洩露財務　密之「合理解釋」（高院99重勞上41）

例10、同一年度有多次酒駕、曠職違規，且前經記過處分，亦無改善效果，可以採爲「情節重大」之參考（高雄高分院99勞上11）

例11、「援引最後手段性原則，爲最重之判斷標準」（台北地院87勞訴67）

例12、終極、最後不得已手段

「工作規則不僅應具社會規範之性質，且應爲合理之勞動件之規定，應受勞動基規範之合理限制」……僅在勞基法第12條所定範圍內有效……勞工違反工作規則情節非重大，且雇主尚有解僱以外之懲戒手段時，應優先考慮繼續僱傭關係……換言之，解僱應爲僱主終極、最後不得已手段，否則即爲解僱權之濫用，「解僱行爲無效」

（基隆地院88勞訴6）

例13、高鐵員工違規進入駕駛艙，高鐵員工單純未經授

NOTE

權進入高鐵駕駛艙，如未能證明其與駕駛員交談、恣意碰觸駕駛裝置或其他影響列車安全運轉行為，難認「情節重大」
（士林地院98勞訴48）

例14、公車司機屢屢遲到，準時發車之要求高，……原告於尖峰時間屢屢遲到……原告多次違反工作規則，情節非輕，雖被告予以申誡、記過，惟仍未見原告改善工作態度，堪認原告在主觀上無忠誠履行其提供勞務義務之意……兩造間勞動關係已受到嚴重干擾，客觀上已難期待被告公司採用解僱以外之懲處手段而繼續其僱傭關係（板99勞訴47）

例15、育嬰留職停薪卻去他處工作
育嬰留職停薪期間，違背對僱主之忠誠義務，另向他處提供勞務以獲取報酬，客觀上已難期待僱主繼續僱傭關係（士林102勞訴21）

例16、情節重大
所謂「情節重大」，係指因該事由導致勞動關係受到干擾，而有賦予雇主立即終止之必要，且受僱人亦無法期待雇主於解僱後給付其資遣費而言，以勞工違反勞動契約或工作規則之具體事

NOTE

....

....

....

....

實，客觀上已難期待雇主採用解僱以外之懲戒手
段而繼續其僱傭關係……（台北地院105重勞訴
35）

例17、美國職棒賭博

員工手冊第3條服務守則第三點「本公司同仁應
專心為本公司服務……嚴禁兼任公司以外之職務
致影響勞動契約之履行……」，即屬禁止兼業之
定……原告於任職期間有從事上開刑事意圖營利
提供賭場聚眾賭博等犯行……性質仍不失上開工
作規則所欲規範之兼職行為……包括美國職棒、
日本職棒，縱原告自承均於下班時間，然上開美
國職棒運動比賽時間因時差均係本國時間凌晨或
白天，是被告下班後又長時間經營上開賭場之兼
職行為，實難期待被告於上班時間得以投注全力
盡心於其所屬業務工作，是被告主張……堪予採
信（台北地院99年北勞簡9）

例18、記者多次發文攻擊公司，未澄清又攻擊……被
告身為雇主，就員工所為與事實不盡相符之陳
述，要求原告澄清，並就員工未予查證即莽撞以
不雅、侮辱性言詞發表系爭文章之不當舉止，予
以記過懲戒，尚未逾雇主懲戒權之範圍，亦堪認

NOTE

被告並未輕易以「解雇」之終極手段對原告恣意懲戒。詎原告非但不願更正澄清,反再發表系爭「年代」文,強烈指摘被告及主管人員,並表彰自己完全沒有錯誤,再度造成被告聲譽之傷害,顯見雇主之指揮監督權及兩造間之信賴關係,均已破壞殆盡,實難期待兩造間繼續勞動契約關係(士林地院98勞訴79)

例19、空服員曠職被懲戒申誡,又曠職原告係首重服務品質及飛航安全之航空公司員工,空服人員準時報到並確實執行飛航前置作業,乃確保航空業飛航品質之基本要求……飛航品質不彰影響機上數百名旅客之安全,倘航空服務員任意未經請假而曠職……被告就原告之曠職行為,依工作規則予以懲戒處分,即合於必要性原則。況原告曠職並非偶發……顯見原告屢因違反工作規則受申誡、記過處分,卻未改善,顯難期待被告公司採用解僱以外之手段……
(台北地院100年勞更(一)1號)

NOTE

第7講
懲戒解僱（不經預告之終止）（三）／工作規則與勞動法法源

延伸1：工作規則分析

1、什麼是工作規則？

2、就是各種「員工管理規章」（名稱不拘）

3、勞基法第70條

4、項目
  - （1）工作時間、休息、休假……輪班方法
  - （2）、（3）、（4）……
  - （5）應遵守之紀律
  - （6）考勤、請假、獎懲、升遷
  - …
  - …
  - （11）勞僱雙方溝通意見加強合作方法

5、核備（主管機關）

6、公開揭示

NOTE

7、違反法令之強制規定、禁止規定、團體協約無效
（§71）

延伸2：勞動法的法源及其適用關係

1、法源之意義、功能、範圍——裁判之實體法依據
2、民法第1條之規定：法律、習慣、法理
3、勞動法法源特別豐富
4、憲法
5、勞動法
　　個別法
　　集體法
6、行政令、函特別豐富
7、協議（法源）
　　‧團體協約
　　‧（個別）勞動契約
8、（單方制定的）工作規則、規章
9、勞動習慣、法理、學說
　　‧「解僱最後手段原則」之法理，雇主很難終止契
　　約，雇主很難終止契約，似已形成習慣法
10、國際勞動公約（ILO）
11、特別規定與普通規定原則

NOTE

12、位階原則
13、有利原則
　　．有利於勞工的仍然有效，位階原則只有片面位階
　　　性

NOTE

第8講
懲戒解僱（不經預告之終止）（四）

（五）故意損耗機器、工具、原料、產品、物品，故意洩露技術上、營業上秘密

例1、否定例：打私人電話過多

　　　　　使用公司電腦從事股票交易

　　　　　（高院92勞上63）

例2、否定例：撞壞大門鎖，非「嚴重損害」

　　　　　（高院95勞上84）

例3、否定例：「怠於注意而損害機器」

　　　　　不符「故意」之要件

　　　　　（台南88勞訴11）

例4、「物品」包括電腦之檔案資料

　　　　　（台中92勞小上2）

　　　　　（台南94勞訴34）

例5、否定例：飯店員工洩露台電、合庫員工住差一百元

NOTE

（台中99勞訴1）。

（六）無正當理由，繼續曠工三日、一個月內曠工達六日

例1、公司只准七天事假護送老師回鄉，員工卻超過七天，連續超過三天，曠職三天，終止契約並無不法（最高法院86年台上2119）。

例2、留職停薪期滿未申請復職，與連續曠工三日不同（最高92台上1260）。

例3、有事故，本得請假；未辦請假手續，構成「無正當理由曠職三日」（最高97台上13）。

（七）雇主之終止權在知悉之日起三十日內為之

例1、但在「勞資爭議」（調解）期間（勞資爭議處理法第7條）不應計入（台北地院97重勞訴13）。

（八）雇主終止權之限制（不得終止）（13條）

・女性生小孩產假期間（8周）（50條）

・職災期間（59條）

・例外的例外：天災事變致事業不能繼續，經主管機關核定

NOTE

（九）雇主終止不成功時之延伸問題

1、經過三年訴訟，如果雇主終止不成功，即僱傭關係仍然存在。

2、雇主應補發這三年的薪水，勞工無補服勞務之義務（民法第487條）。

3、但這三年，勞工如何撐下去？經濟壓力

4、和解

NOTE

第9講
勞工之終止權

一、緒說
1、預告終止（§15）
2、不經預告終止（§14）
　　‧有權請求資遣費（§14）

二、勞工不經預告之終止權（§14）
（一）雇主虛偽意思表示
（二）雇主暴行、重大侮辱
（三）對勞工健康有危害之虞，未改善
（四）有惡性傳染病
（五）不依契約給付報酬
（六）雇主違反勞動契約或勞工法令

NOTE

三、勞工活用法律的邏輯結構

1、雇主表示終止，勞工有爭其不合法

2、勞工起訴：確認僱傭關係存在、按月給付工資

3、如果勞工敗訴時

4、如果勞工勝訴時（可能取得三年的工資）

　　（民法487條）：無補服勞務的義務，仍得請求工資

5、併用或分開用勞基法第14條？

　　．雇主敗了，就是違反勞工法令

　　　勞工可以依14條5款終止契約

　　．並請求資遣費（14條第4項）

四、兩岸關係、派到外國之勞僱關係／雙重僱傭關係？

　　．呂律師辦過的案例及論文：

　　　某甲被公司派去上海的子公司工作，已在上海調解終止
契約成立。之後，又在台灣的法院訴訟勝訴。成立「雙
重僱傭關係」

NOTE

第10講
職業災害補償（§59）

一、
- 職業災害補償（無過失責任）
- 損害賠償（過失責任）
  （民法184、192、194、195）

二、例1：員工A因工作接觸有機溶劑致身體手腳萎縮，無法繼續工作，A有何請求權？

例2：員工於上下班途中發生車禍，可否請求職業災害補償？
- 於適當時間、適當交通方法，發生事故
  （最高法院81台上2985）

例3：憂鬱症是否職業災害？
- 職病鑑委會鑑定：執行職務所致？

三、業務遂行性（在指揮監督下就勞）

NOTE

業務起因性（因果關係）

（最高法院93台上2288）

四、補償內容

1、職業病之醫療費用

2、醫療中不能工作：工資補償滿二年，請求四十個月工資

3、失能補償（標準依勞保條例）

4、死亡：五加四十個月工資

五、抵充

另已由雇主支付費用補償者，得抵充

1、勞保

2、團保（商業保險）

六、問題探討

1、例4：協議做較輕之工作（非原來之工作）

　　・無義務？協商

　　・較輕鬆工作，工資較低

　　・非喪失補償權，只扣除

　　（最高法院95台上323）

2、補償得抵充損害賠償（§60）

3、時效兩年（§61）

4、請求權不因離職而受影響

NOTE

5、勞工因自己過失造成災害

6、承攬、再承攬之連帶責任（§62、63）

7、派遣：1.要派單位與派遣事業連帶

　　　　　2.連帶損害賠償責任

NOTE

第11講
工資與退休金

一、工資由勞雇雙方議定（§21）

　　但不得低於基本工資

　　　·工資審議委員會

　　1、不得片面減薪

　　2、投保薪資以多報少之不履行債務而生之損害賠償請求
　　　　權，時效十五年（最高法院87年台上2540）。

二、工資全額直接給付（§22）

　　1、因違約或侵權造成雇主損害，不得逕自扣發工資
　　　　（最高行政法院91年判字608）

　　2、通貨、實物

三、工資支付時間、次數（§23）

　　1、約定、按月給付

　　2、每月二次

　　3、工資清冊保存五年

NOTE

....

....

....

....

4、不得以「移交」、「離職」作為支付工資之條件
　　（高院86年上易1）

5、時效五年

四、加班費

1、兩小時內，加三分之一

2、再兩小時內，加三分之二

3、假日：加倍

4、待命時間

5、加班需要之舉證責任
　　舉證：延後下班係因工作之需要
　　（最高法院101台上792）

6、工作規則規定「須書面核准才能加班」，如未經核准，不能請求加班費（高院93勞上易字35）

7、但「維護雇主利益之範圍，為履行職務有義務加班」
　　（肯定例）（台北89勞訴101）

8、值班？加班？
　　否定例：高院97勞上易90

9、24條是強制規定

10、加班費時效五年
　　（某大賣場案：加班費一百多萬元）

11、出差時之加班（證明）

NOTE

12、下班後參加教育訓練

13、按件計酬？

五、工資之性別歧視禁止（§25）

　‧罰則

六、預扣工資之禁止（§26）

　1、不得預扣

　2、得約定違約金，事後請求

　3、事後扣罰？（高院97勞上81）

　4、不得預簽本票（作違約金）

　　（高院台中分院97勞上易43）

七、不按期給付工資之命令發給（§27）

八、工資優先權、墊還基金（§28）

　1、未滿六個月之工資：最優先受償權

　2、但「擔保物權」⋯⋯

　3、積欠工資墊還基金

九、獎金或紅利（§29）

　全年工作，並無過失，應給與獎分配紅利

十、工資之定義、平均工資（§2③④）

十一、自請退休（§53）

　1、工作十五年以上，年滿五十五歲

　2、工作二十五年以上

NOTE

3、工作十年以上年滿六十歲

十二、強制退休（§54）

非有下列情形之一，雇主不得強制退休

1、年滿六十五歲（危險工作之調整）

2、心神喪失、殘廢，不堪勝任工作

十三、退休金

1、每一年給兩個基數，超過十五年之部分每年給一個基數

2、最高四十五個基數

3、殘廢者多百分之二十

十四、勞退新制（雇主每個月提撥6%）

十五、勞保（第二個退休金）

十六、勞工退休金新制

1、勞工退休金條例（93.6.30公佈）

2、這就是「勞退新制」

3、原來的勞基法規定為「勞退舊制」

4、併行，由勞工選擇（93年）

5、離職後再僱用適用新法（§8Ⅰ）

新制特點

1、勞工帳戶、年資、提存帳戶跟著勞工走

舊制：一離開公司，年資就歸零

2、至少提撥薪資之百分之六（勞工自己可加碼）

NOTE

3、由勞保局主辦

4、一種社會主義化，錢進政府

5、政府管理，經營基金之績效

十七、經營者的成本提高與勞工權益

1、勞退新制之提繳

2、勞保費用之提繳

3、健保費用之提繳

4、勞工有二項「退休金」：勞退、勞保

十八、觀察與課題

1、二十年來薪資難漲之原因之一

2、創業成功更加不容易

3、社會主義化提高及其利弊

4、階級流動之難易？

5、被動收入之重要

6、勞動者財產形成

7、政府管理、經營基金之績效及防弊

NOTE

第12講
工作時間、休假、請假

一、工作時間
　　1、正常工作時間（§30）
　　　　・每日不超過八小時
　　　　・每周不超過四十小時
　　2、兩周內之調撥
　　　　・將兩日調撥至其他日
　　　　・但每日不超過兩小時，每周不超過四十八小時
　　　　・工會同意或勞資會議同意
　　3、八周內之調撥
　　　　・將八周內之調撥
　　　　・但每日不超過兩小時，每周不超過四十八小時
　　　　・工會或勞資會議同意
　　4、記載出勤紀錄至分鐘，保存五年
　　5、勞工可以申請紀錄副本

NOTE

6、允許勞工顧家彈性上下班一小時

7、四周內調整（§30之1）

　　‧調整兩小時內

　　‧加班：工作十小時，只能加班兩小時

　　‧女性不受「禁止深夜工作」之限制（但懷孕例外）

8、工作八小時如何計算？

　　‧起算：入門？打卡？

　　‧終了：作業終了？清掃完？離開公司？打卡？

　　‧休息時間

　　‧待工時間

　　‧監視性？（可特別約定：84之1）

　　‧本職以外之時間、培訓？

　　‧出差、在外工作

　　‧值日（夜）（§84之1）

　　‧坑道、隧道工作：入坑、出坑

9、延長工時（加班）（§32）

　　‧工會或勞資會議同意

　　‧一日不得超過八加四小時

　　‧一個月不超過四十六小時

　　‧工會或勞資會議同意：

　　　一個月不超過五十四小時

NOTE

　　三個月不超過一百三十八小時

　　‧主管機關備查

　　‧天災事變：必要延長、事後補休

　　‧通知工會或報備勞動局

　　‧依勞工意願補休（§32之1）

　　‧未補休時數加發工資

10、為公眾生活便利之調整（§33）

　　‧命令調整（二主管機關）

11、輪班制（§34）

　　‧每周更換一次

　　‧連續十一小時休息（最少八小時）

12、休息（§35）

　　‧四小時休三十分鐘

二、例假日（§36）

　　1、七日：一日例假

　　　　　　一日休息日

　　2、不受限制者（§36II）

　　3、例假之調整

三、休假（§35）

　　1、勞動節

　　2、放假日

NOTE

_____

_____

_____

- 加班（費）（§39）
- 不得強制加班之情形（§42）
- 健康
- 其他正當理由

四、特別休假（§38）

（一）休幾天？

1、最多三十日（十五日加一日／年）

2、十五日（五年到十年）

3、十四日（三至五年）

4、十日（二至三年）

5、七日（一至二年）

6、三日（六個月至一年）

（二）假期之停止：天災、事變（§40）

（三）公用事業之停止特別休假（§41）

（四）實務

- 休假之協調
- 應休而未休之工資補償

五、請假／勞工請假規則

1、婚假八日，工資照給

2、喪假八天：父母、配偶　　　工資照給

　　　　六天：祖父母、子女　　工資照給

NOTE

　　　　　三天：兄弟姐妹　　　　工資照給
　　　　　朋友？事假　　　　　（無薪）
3、公假：兵役
　　　　選舉
　　　　義警
　　　　工會活動
　　　　考試
　　　　訴訟
4、公傷病假（勞災規定）
5、普通傷病假三十天以內（半薪）
　　　住院一年以內
6、事假：十四天以內（無薪）

NOTE

第13講
童工、女工、性別平等

一、童工：十五歲~十六歲
　　（1）國中畢業準用
　　（2）年齡證明文件
　　（3）法代同意
　　（4）不得從事繁重、危險工作
　　（5）每日不超過八小時，例假不得工作
　　（6）不得夜八時至晨六時工作
　　（7）建教合作？
二、女工
　　（1）不得晚十時至晨六時工作
　　　　例外
　　（2）產假八周
　　（3）調較輕工作
　　（4）哺乳時間：每日兩次

NOTE

_____

_____

_____

_____

三、兩性工作平等法
　　（1）僱用上平等
　　（2）教育訓練、福利措施平等
　　（3）同工同酬
　　（4）結婚、懷孕解僱與終止之平等
　　（5）性騷擾之防治
　　　　・毛手毛腳
　　　　・開黃腔
　　　　・不受歡迎之觸摸
　　（6）促進工作平等措施
　　　　・生理假
　　　　・產假、陪產假
　　　　・家庭照顧假
　　　　・育嬰留職停薪
　　　　・哺乳時間、場所
　　（7）各機關、公司設性評會
四、技術生（64~69）
　　（1）滿十五歲，但國中畢業可
　　（2）接受雇主訓練之人
　　（3）養成工、建教合作、見習生準用
　　（4）書面訓練契約、備案（§65）

NOTE

（5）不得收取訓練費用（§66）

（6）期滿留用

（7）不超過四分之一

（8）其他之準用

五、憲法的保障

　　1、男女平等

　　2、呂律師辦過的國○紀念館案

　　3、國際潮流

NOTE

第14講
違法之法律責任與監督、檢查

一、民事責任

二、勞動刑罰

　　・強制勞動、妨害自由：五年以下徒刑（75、5）

　　・抽取不法利益：三年以下徒刑（76、6）

　　・六個月以下徒刑：42、44、45Ⅰ、47、48、49Ⅲ

三、行政罰

　　・§78

　　・§79

　　・阻撓勞工檢查

　　・公佈資訊（§80之1）

　　・併罰

四、監督與檢查（§72~74）

　　（1）勞工檢查機構（§72）

　　（2）不得拒絕

NOTE

（3）要求提出報告、帳冊、文件、樣品
（4）勞工得向檢查機構申訴，雇主不得因此給予不利之處分，否則無效（§74）

檢查員之保密義務及賠償責任

（5）勞動檢查法
‧勞動檢查員
‧檢查程序（§22~33）
‧罰則：刑、行政罰

NOTE

第15講
落實勞基法之機構、保障機制

一、主管機關

　　1、中央主管機關：勞動部

　　　　（1）子法訂定

　　　　（2）令、函行政解釋

　　2、地方主管機關：勞工局

　　　　（1）調解

　　　　（2）協調

　　　　（3）行政罰

　　3、鄉鎮公所的調解委員會

二、法院

　　1、勞動事件法

　　2、勞工法庭

　　3、調解：勞動事件法規定：應先調解

　　4、民事訴訟

NOTE

5、假處分

6、強制執行

7、審級制度

三、勞動事件法的特色

（一）擴大「勞動事件」之範圍，包括：

1、基於法令、協約、工作規則、勞資會議決議、契約、習慣及其他勞動關係所生民事上權利義務之爭議

2、建教合作、訓練契約所生爭議

3、性別平等、歧視、職災、工會活動、爭議行為、競業禁止及勞動所生侵權

（二）勞動法庭

1、職業法官（及其專業、經驗）一人

2、應遴聘非職業法官（就勞資事務有專門知識者）為調解委員兩人

（三）審判權及管轄權之特色

1、審判權：擴大中華民國之審判權

勞工為原告：勞務提供地、被告之住居營業所

2、管轄權

（1）勞工為原告時：被告住居營業所或原告勞動地營業所

NOTE

....

....

....

....

（2）雇主為原告時：被告住居所、現在或最後
之勞務提供地

（3）雇主為原告者，勞工於言辯前得申請移轉
管轄至勞工所選有管轄權之法院

（四）工會、財團法人得選派輔佐人

（五）減免訴訟費用

1、爭執之利益超過五年者，以五年計算

2、勞工、工會暫免徵訴訟費用三分之二

3、強制執行費：超過二十萬元標的之部分暫免
徵，由執行所得扣還

4、工會提集體訴訟，超過一百萬元之部分暫免徵

5、低收入戶得申請訴訟救助

6、假扣押、假處分、定暫時狀態之擔保金：不得
高於十分之一；有重大困難者，法院不命供擔
保（§47）

第二審法院之免供擔保處分（§49）

（六）調解之特色

1、兩名「非職業法官」之調解委員（§21）

2、「應」經法院調解（有例外：性別平等、民訴
法406②④⑤款）

・逕起訴者，視為調解聲請

NOTE

3、應書面聲請，五十萬元以下的可以口頭聲請

4、調解於三個月內、三次期日終結（§24）

5、調解條款：經調解委員全體簽名者，視為調解成立（§37③）

6、解決之「適當方案」：不違反兩造之主要意思
  ・得於十日內提出異議，異議視為調解不成立（§29③）→續行訴訟（但調解聲請人得反對續行訴訟）
  ・續行訴訟由參與調解之法官為之

7、裁判與調解過程之**書面協議**
  （1）勸導、陳述、讓步，不得採為裁判之基礎（§30Ⅰ）
  （2）但：陳述、讓步成立「書面協議」者，當事人應受拘束！但雙方同意、不可歸責、顯失公平者，不在此限（§30Ⅱ）

（七）訴訟程序

1、六個月內審結為原則

2、一次辯論
   準備程序

3、得依職權調查證據
  ・命資方提出證據

NOTE

　　　　・無正當理由不提出：得認爲眞實

　　　　・定型化契約顯失公平，無效

　　4、命令：定期未履行，酌定補償金（§37）

　　5、工會得提起不作爲之訴（§40）

　　6、工會選定當事人（§41）

　　7、應依職權宣告假執行

（八）保全程序之特色

　　1、假扣押

　　　　假處分

　　　　定暫時狀態

　　2、降低擔保金至十分之一或免擔保

　　3、對有「生計困難者」應闡明勞工得聲請命令先爲
　　　　一定給付之定暫時狀態（§48）

　　　　・爲繼續僱用及給付工資之定暫時狀態（§49）

　　　　・一審確認僱傭關係存在，二審法院應依勞工聲
　　　　　請定暫時狀態

　　4、之後如勞工敗訴而撤銷「定暫時狀態」，命勞工
　　　　返還工資加利息，但勞工已依處分給付勞務者，
　　　　不在此限（§49III）

　　5、調動無效、回復原職之訴，得定暫時狀態（§50）

NOTE

第16講
自貿區勞動爭議與台灣法律的對接

一、自由貿易區
1、資本進出自由、外匯
2、貨物進出自由
3、低關稅或零關稅
4、低稅收與互抵
5、從自貿區到共同市場（歐洲的經驗）
6、勞動力自由進出、出入境
7、階級流動、創業

二、自貿區的局限與更開放
1、市場准入的限制
2、外匯管制
3、海關
4、準據法

NOTE

5、工作權

6、管轄權、爭議處理

7、共同市場與經濟一體化

三、辦過一個案例的啟示：雙重僱傭關係（自貿區與台灣法律）

1、在大陸某自貿區勞動局

　　成立調解：終止勞動合同

　　　　　　　經濟補償

　　　　　　　出差費用補貼

　　　　　　　放棄其他請求

2、台北地方法院（二審）

　　和母公司的勞動關係

　　主位請求：資遣費（終止契約是否生效）

　　備位請求：僱傭關係存在

　　（確定判決）應按月給付工資

　　　　　　　　雇主未付工資，勞工終止契約，並請求資

　　　　　　　　遣費

3、律師的見識及邏輯完整性，以主位請求、備位請求，保證

　　了勝訴，如果主位請求、備位請求分開在二訴，可能兩失

　　又浪費了費用

NOTE

4、自貿區與台灣法律的對接
(1) 母公司、子公司兩個主體的法律關係
(2) 兩岸的勞動法之適用、解釋與方法論
(3) 兩岸的爭議處理機關
(4) 一次解決的可能性？

四、港仲進駐上海自貿區

1、香港國際仲裁中心2015年於上海設代表處
2、宣傳聯絡、仲裁培訓、替港仲仲裁案件在上海之開庭提供相關支援
3、不包含提供港仲案件的程序管理服務
4、代表處，不是獨立機構
5、是否有正式成為獨立機構的機會？
6、充其量是境外仲裁機構？不可能成為與境內仲裁機構相同的地位
7、涉外因素及其擴大，選擇境外仲裁機構
(自貿區有較大的機會具涉外因素)
(台灣、世界主流：可以自由約定境外仲裁)
8、境外仲裁機構之仲裁地
・可以約定地點
・最高人民法院（2013）民四他字第13號函：國際商會

NOTE

....

....

....

....

仲裁院在上海仲裁的協議有效

9、境內仲裁：境外仲裁？

　　標準：地點

　　　　　　外國（區）準據法（台灣仲裁法第47條）

　　大陸 ⎰ 約定準據法

　　　　　⎱ 法定準據法

　　　　　·主體涉外、外商獨資、最終利益歸屬

　　　　　　公司經營決策涉外

　　　　　·履約之前端在國外、保稅監管

10、視爲境內仲裁：不必再經裁定，即可直接向法院申請執行

11、無涉外因素，在境外仲裁，向大陸法院申請執行被駁回的案例

12、結論：應儘量放寬解釋，讓法律對接

13、互聯網時代

五、勞動仲裁與一般商務仲裁

1、勞動仲裁作爲特別法、標的較小

2、一般商務仲裁之借鏡

　　（1）呂榮海律師在正式文件最早倡議兩岸仲裁機構互納

NOTE

　　　　　　仲裁人

　　　　（2）納台籍人士仲裁員

3、網路化仲裁庭

4、利用微訊群組「仲裁」

5、解決爭議，淡化準據法、管轄權

6、兩岸更融合的共同市場及一體化

NOTE

第17講
台灣企業跨國（區）雇用所生之勞基法爭議 呂榮海[*]

目 次

＊台灣大學法學博士、蔚理法律事務所主持律師

NOTE

壹、前言

　　自修習法律時起，就聽及鄭玉波教授常言「有法律，斯有社會；有社會，斯有法律」之法諺，但常不明白，我們的社會與西方不同，但為何盡習、盡用西方法律。時至今日，觀察漸多，終漸明白，今日我們所用的法律，體系無非是工商業化的產物，從企業主體（公司法）、交易自由及限制（民法及公平交易法）、勞動（法）……均是為了成全工商業生產模式所設計，而工商業化確實西歐較為先行，傳統農業社會的台灣、大陸甚至整個東亞、東南亞直到進二、三十年來才迅速進行工商業化，是以，我

NOTE

們學習、使用西歐式的法律體系，基本上有其合理性，所謂「中
學爲體，西學爲用」之說法，俱是抗拒改革的說法，因爲「體」
都改爲工商業社會了。

　　但儘管如此，後行、急行的「特殊需求性」，自應在合理的
範圍內，不同於西歐式的法律體系，尤其是，中國大陸、東南亞
的幅員廣大、人口眾多，在其加速經濟發展、工商業化之際，勢
必對經濟、勞動、社會及法律產生影響，並間接對鄰近區域包括
台灣產生影響，始能符合「社會變遷」及「有社會，斯有法律」
之原理，修正出符合東亞特殊需要的法律制度。本文擬在這一方
面作具體的嘗試。

貳、微利時代的形成與勞資關係

　　過去三、四十年，台灣幸運地由農業社會完成了工商業化
的轉變，平均國民所得由二百美元增至一萬三千美元，大部分農
民及其子女也得以走出農村，在工商業社會中充分就業。直到二
○○○年以後成長始減緩，失業率提高。

　　爲何工商業化，得以使所得「幾何級數」式的提高？何以近
年來，台灣卻面臨三、四十年來所未曾有的負成長，平均國民所
得似乎有下跌傾向，失業率亦攀高至百分之五、六以上？這對勞
雇關係有何影響？

NOTE

　　對於這些問題，可能有很多答案，但從最基本的「供需原理」，就可以說明其變化趨勢。在經濟學上，供給少，需求多，則價格高；反之，供給多，需求少，則價格低，依此原理來視察，當台灣等四小龍早大陸、東南亞一步追隨北美、西歐、日本等工商業國家行列時，工商業國家在全球五十億人口中僅占六、七億而已，其所生產之工業產品定價高（尤其相對於農業），其國家、人民自能創造財富，反之，自一九九〇年起[1]，中國大陸、東南亞約十八億人口大力發展工商業，並為工商業提供了低成本的勞動力，逐漸使全球的產業結構、人力結構發生了「量變引起質變」，即：供需關係完全改觀，巨大的中國、東南亞成為低成本的「世界工廠」，工業產品之供給巨量增加，工業產品之定價大為降低，因而走入微利、無利甚至虧損的狀態，這是形成微利時代、低成長、高失業率的主因[2]。

　　面對十八億低成本勞動力之競爭，台灣之企業形成兩種因

---

[1] 中國大陸自1978年第11屆3中全會決議「改革開放」，從少數地區如深圳、廈門、珠海、汕頭等特區開始開放外資、個體戶發展經濟，因範圍較小，影響力較小，且常引起姓社姓資之爭議，加以「官倒」，收賄腐敗問題引起社會動亂，終爆發1989年天安門事件，惟自該事件之後之1990年代，一方面較全面開放，另一方面由有經濟專才之朱鎔基等人治理，加強宏觀調控之管理能力，使中國自1990年來十多年間，經濟穩定高成長，至2002年十六大召開時，大陸部分人士自稱已到歷史上的「盛世」階段。

NOTE

應方式，其一、企業外移包括大陸、東南亞，尤以大陸爲多，其二、引進外勞。此二種方式，形式或外觀縱有不同，惟其實質均在追求低成本之勞動力。

　　經濟進入微利、無利、虧損狀態，以及以外移、引進外勞方式降低成本勞動力，勢必對傳統之勞雇關係及勞基法之適用發生影響，我們是否應以新的觀點或理論，重新調整傳統源自西方工業國家之勞動法理論，以因應此巨大變遷？本文擬就近年來司法實務上發生之問題，予以討論。

參、海外津貼是否工資

　　台灣企業派幹部赴大陸或其他國家，除原有薪資外，經常另行支付百分之七十至一倍之海外津貼或駐外津貼[3]，當員工於退休或資遣時，此項巨額之海外津貼是否應算入「工資」及「平均工資」之中？

---

❷ 詳見拙著；兩岸經濟變遷與法制，載中國投資法律暨案例研究，第1頁以下，蔚理有限公司，2002年。

❸ 但自2001年起，隨著台灣之高失業率，以及許多人看好赴大陸工作是一個趨勢，許多人願意赴大陸工作，因此，海外津貼已逐漸變成並非是一項必須支付之津貼。

NOTE

一、相關法令規定

關於工資之定義，勞基法第二條第三款規定：「工資：謂勞工因工作而獲得之報酬；包括工資、薪金及按計時、計日、計月、計件以現今或實物等方式給付之獎金、津貼及其他任何名義之經常性給與均屬之」。

另勞基法施行細則第十條規定：本法第二條第三款所稱之其他任何名義之經常性給與，係指下列各款以外之給與：一、紅利，二、獎金：指年終獎金、競賽獎金、研究發明獎金、特殊功績獎金、久任獎金、節約燃料物料獎金及其他非經常性獎金，三、……（略）。九、差旅費、差旅津貼、交際費、夜點費、誤餐費……。

二、工作規則、契約之規定或約定

有關本項問題，若干企業之相關工作規則（派駐國外相關工作規則）規定工資不包括海外津貼，例如「平均工資以國外薪資結構之國內待遇部分……」，又如「國內外派人員之退休均按期國內存記職等級給與計算」，甚至，於調派國外時，要求外派人員答應承諾書，承諾「自國外調返國內工作之第一年內如欲離職，應於離職之日半年前提出申請，如有違反承諾，立書人自願支付違約金……」，藉應於六個月前申請，間接解決六個月「平均工資」計算之爭議。

NOTE

惟這些工作規則、承諾書等「自治的規範」[4]在上述勞動法令解釋之下，是否有空間得以發揮其自治的規範之性質？還是將被認為因違反法律的強制規定而無效？

三、最高法院判決
（一）否定說

有最高法院判決認為海外津貼並非工資，其要旨如下：「……兩造爭執之海外津貼，顧名思義，係派駐國外工作之額外津貼，就當時派駐海外之員工而言，固屬勞工願赴海外地區服務之對價，然就企業主與勞工互動之整體而言，勞工派駐海外未必為經常性，極有可能依工作目標、性質而選派或輪調，而各國之勞動條件、幣值、生活水準大多不同，且薪資是折成當地幣值在國外工區發放，有匯率變動問題，極難有統一之標準，是以加計之海外津貼，性質上與差旅津貼相似，並非經常性給與……」[5]

（二）肯定說

亦有最高法院判決質疑海外津貼非工資，要旨如下：「……

---

[4] 勞動法中之自治的規範，相對於國家制訂的規範，包括團體協約、契約、工作規範，詳見拙著，勞動法法源及其適用關係之研究，第34頁以下，台大法律研究所博士論文。

[5] 最高法院八十六年度台上字第255號判決。

NOTE

上訴人駐香港期間，每月除基本薪資外，尚領有駐港津貼，上訴人任職香港其間共有十七年四個月多，此部分如爲經常性給付，能否謂僅屬恩惠性給與，而不得將之併入上訴人退休當日前六個月平均工資計算，尚有斟酌餘地」[6]

四、行政法院判決

　　對此問題，改爲二審級制前之行政法院，亦曾採肯定海外津貼係工資之見解，認爲「……查原告使其勞工王瓊至印尼工作，按月發給勞工在外地工作之津貼，即地域加給、年資加給、領班加給及施工加給，係該勞工平日正常工作所獲之報酬，自屬工資。又雇主與勞工所訂勞動條件，不得低於本法（勞動基準法）所定之最低標準，勞動基準法第二條第二項規定甚明，本件原告與其所屬勞工間之加班費支給標準，固明定國外工區技術工其超時之工作加給，係以國內薪津之工級時資計算，對海外津貼並不計入之列，核其內容與首揭勞動基準法之規定不符，自不得作爲適用之依據，至所引台灣高等法院八十五年度勞上字第八號、最高法院八十六年度台上字第二五五號民事判決，係法院就民事個案所表示之見解，並無拘束本件主管機關基於職權適用法規所爲之規定……」[7]

---

[6] 最高法院八十七年度台上字第二七五四號判決。

NOTE

五、本文見解

本文認為，法律的解釋適用，有時非純粹得依概念為形式上的邏輯推論，而涉及實踐、價值判斷或利益衡量問題[8]，本件系爭問題，即涉及廣泛層面之利益衡量及價值判斷問題，影響金額大、影響企業及員工人數眾多，甚至影響企業之國際競爭力。以下提出幾個衡量觀點：

（一）最高法院向來關於「恩惠性給與」之見解

與我國勞基法第二條第二款類似，日本勞動基準法第十一條規定，本法所稱工資（賃金）是指不問名稱為工資、給與、津貼、賞給或其他名稱，作為勞動之對價而由雇主支付勞動者的，均屬之。惟在實務上，日本向來認為雇主任意的、恩惠的給與不屬工資[9]，可能受到其影響，我國最高法院於許多案例中，亦常採取「恩惠性給與非工資」之觀點[10]，限縮了法律條文字面上「任何經常性給與」相當廣泛之工資定義。此種「恩惠性給與」之概念本係相對於日本「勞動之對價」或我國「因工作而獲得之報酬」之概念，惟同樣是「金錢」，何者為「對價」？何者為「恩惠性

---

❼ 行政法院八十六年度判字第1496號判決。
❽ 本多淳亮，勞働法解釋的方法，季刊勞働法，第21卷第2號，頁4。
❾ 本多淳亮等人編，判例コソメソタル20，勞働法Ⅱ，第44、45頁以下，三省堂。

NOTE

給與」，其界線究非十分明確，而實含有價值判斷之因素。本件海外津貼究竟是「對價」或雇主改善勞工海外生活之「恩惠性給與」，同樣具有價值判斷因素。

（二）勞動條件最低標準之規範目的

如所週知，勞動基準法之規範目的在於保障勞工過「值得人過的生活」，以維護人的尊嚴，換言之，勞基法規定「勞動條件之最低基準」，以公法介入私法關係作為勞動契約之最低標準，勞基法第一條第一項規定「為規定勞動條件最低標準，……」，同條第二項規定「雇主與勞工所訂勞動條件，不得低於本法所定之最低標準」。

問題是，何謂「勞動條件之最低標準」？涉及「勞動條件之關連性」之存否以及勞動條件是否得分割觀察是否符合最低標

---

❿ 最高法院78年度台上字第682號判決「……工資係勞工之勞力所得，為其勞動之對價，且工資須為經常性給與，始足當之。倘雇主為改善勞工之生活所為之給與，或雇主為其個人之目的，具有勉勵、恩惠性質之給與，即非經常性之給與，此與工資為契約上經常性之給與，自不相同，亦不得列入工資範圍之內」。另最高法院79年度台上字第242號判決及較近之最高法院91年度台上字第347號判決、91年度台上字第897號判決、91年度台上字第1818號判決均採相同之見解，長此下去，將形成習慣法。

NOTE

準？還是必須視其關連性以判斷是否符合最低標準？舉例言之，如最低工資為每月15000元，則每日僅工作四小時，月工資為九千元，如考慮工作時間與報酬之關連性，則九千元並未違反最低工資之規定，反之，如得分割觀察，則九千元違反最低工資之規定。本文認為應考量勞動條件之關連性，而不宜分割勞動條件為片面之認定。

　　在海外津貼之案例，如其國內標準之工資已遠高於最低工資，如再加上海外津貼可能高達每月十萬甚至每月二十萬元，此時，如再認為「工資」包括海外津貼，顯然違反勞基法保障「勞動條件是低標準」之立法目的。

（三）契約自由之限制及其界限

　　在台灣，我們不覺得契約自由之可貴。在觀察到大陸之合同（契約）位階低於法律、行政法規、指令性計畫甚至「政策」、「社會公益」之後，合同經常無效時[❶]，始深深體會契約位階及契約自由之重要性及可貴，只有儘可能尊重契約自由，契約方有權威性。

　　因此，應將契約自由認為自由基本權[❷]，受我國憲法第22條之保障。當以法律限制契約自由基本權時，受憲法第23條「必要性」之限制。換言之，契約自由之限制應有界限。

　　是以，勞基法固然有限制勞動契約、工作規則等自治法源之

NOTE

效力，但其限制應有界限，不得逾越「必要性」之程度，在本件解釋海外津貼是否為工資時，應以是否為「保障勞動條件之最低標準」所必要為界限，倘其工資已遠逾勞動條件最低標準時，應認為已無必要性。

（四）與大陸、東南亞及國際之競爭力

其實，定義工資之目的，主要是涉及退休金或資遣費之計算，以退休金制度而言，我國目前採「雙軌併行制」，既有勞保老年給付，又有勞基法退休制，較諸中國大陸僅採「社會保險制度」[13]，台灣企業之負擔已較重，在面臨大陸十三億低成本勞動力競爭之現階段，如再進一步擴大解釋海外津貼包括在工資之內，將產生不合理之加乘效果。以航空業為例，在911、美伊戰爭、非典型肺炎（SARS）等國際不穩定因素下，航空公司直接面對國際競爭，破產者比比皆是，尤應斟酌國際競爭之因素，於法律解釋時尤應斟酌「具體的妥當性」。

---

[11] 關於中國大陸合同與法律、行政法規、計劃、政策之關係，參見拙著，（大陸）合同法實務研究，收於中國投資法律暨案例研究，第77頁以下。

[12] 參見野中俊彥等人著，憲法工，第407頁，有斐閣，平成4年版。

[13] 梁書文、回瀘明主編，勞動法及配套規定新釋新解，人民法院出版社。

NOTE

（五）海外津貼之目的與退休地點之預期

再者，從海外津貼之目的而言，海外津貼係雙方預期針對員工在海外工作之狀態而發給，反之，雙方並未預期員工係在海外退休過退休生活，自應以雙方預期之國內退休為基礎核計退休金。

六、小結

綜上，本文認為海外津貼應不計入「工資」之內。

肆、派出台幹之保障問題

俗稱「台幹」者，是指台灣企業派至海外——尤其是大陸工作之台籍幹部[14]。

當台灣企業赴海外投資時，初期通常由台灣派出幹部，在財務、技術、製造、行銷等方面負責管理工作。由於台幹深知台灣企業之文化，且台灣企業也不放心一下子將管理大權交付大陸籍或其他外籍幹部手中，因此，在海外投資初期階段，派出台幹乃為企業所必需，企業甚至必須額外付出高額之海外津貼以獎勵台幹派駐海外。然而，從成本考量，幹部於當地本土化，從中長

---

[14] 不分本省籍或外省籍，派至大陸之幹部均屬「台幹」。

NOTE

....

....

....

期而言，又是企業通常必須走的方向，因此，在經過一個時期之後，台幹通常又容易被當地本土幹部所取代，因此，乃形成如何保障台幹之法律問題，以下論述各項相關問題：

一、調派海外之權限

　　首先，值得探討的是，企業是否有權將員工調派至海外包括大陸工作？員工是否有義務接受？如員工拒絕調派之效果如何？

　　關於調動，主管機關訂有「調動五原則」：1.基於經營企業所必需，2.不得違反勞動契約，3.對勞工薪資及其他勞動條件未作不利之變更，4.調動後與原有工作性質爲其體能及技術所可擔任，5.調動工作地點過遠，雇主應予以必要之協助[15]，另外，依「誠信原則」，雇主調動勞工工作地點和勞工所受之不利益、不方便，應作比較衡量[16]，如契約未有特別約定，一般以三十公里做爲基準，從而，調派海外相信勞工應有拒絕權。然而，爲了「前途」，勞工通常不至於行使拒絕權。當然，從企業的角度，企業亦應提供前景之規劃，說服員工樂於去海外打拼，並以契約給員工適度的保障。

---

[15] 內政部七十四年九月五日台內勞字第328433號函。
[16] 詳見拙著，勞動基準法實用第一冊，第218頁，蔚理有限公司出版。

NOTE

二、調派海外後之法律關係

　　企業調派員工至海外子公司工作，或員工接受調派赴海外工作，應注意彼此間之法律關係：

　　如圖一所示，勞動者與台灣母公司間仍維持僱傭契約，並且，勞動者與海外子公司也維持僱傭關係，形成雙重僱傭關係，此種雙重僱傭關係是典型的調派關係，與時下流行的勞動者派遣關係中勞動者與派遣工作執行之單位無法律關係（如圖三），有

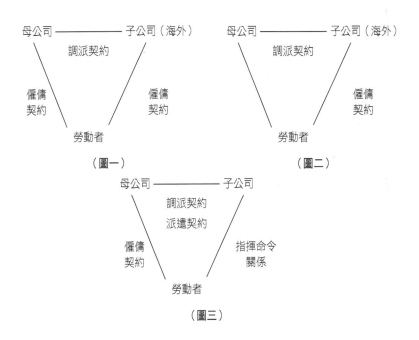

（圖一）　　　　　　　　　　　　（圖二）

（圖三）

NOTE

根本之差異[17]。勞動者與母公司、子公司保持雙重之僱傭關係，在母公司之年資繼續保存，對勞動者最有保障。反之，如圖二所示，母公司與勞動者切斷僱傭關係，由子公司與勞動者建立勞動關係，常用在新聘人員派赴海外工作之情形，勞動者必須注意及深思之，斯時，由於僱用人是海外之企業，通常只能依當地勞動法尋求保障。

其次，如圖三所示，勞動者仍與台灣母公司保持僱傭關係，勞動者和海外子公司並未建立僱傭關係，海外子公司依據指揮命令權之移轉，使用該勞動者。

以上是按各類類型之分別，惟實務上經常是「沒有約定或講清楚」，斯時，只能依支付工資、指揮命令等實際情況認定之，且應注意勞基法第57條規定「……但受同一僱主調動之工作年資……應予併計」。

三、僱傭？委任？台幹在解僱方面之保障

在台商群集的廣東省東莞市，有一條「台幹一條街」，許多曾是台商企業的台灣籍幹部，在被解僱之後，一方面不太好意思返回台灣，另一方面又想繼續留在當地求發展，乃在當地「台幹

---

[17] 調派（出向）與勞動者派遣關係之區別，參見安西愈，新勞働者派遣法の法律實務，第38頁以下，總合勞働研究所，2000年9月。

NOTE

一條街」流連（新流浪），形成奇特的現象，可道出曾經風光一時的台籍幹部，在企業節約成本、幹部本土化的政策下，隨時有被解任的命運，而法律又對他們提供什麼保障呢？

（一）案例

甲於84年6月間任M公司總經理，與公司訂有書面標明為「勞動契約」之契約，85年1月調派任高級顧問，兼任轉投資新加坡S公司之董事長，負責赴大陸投資之事宜。

M公司乃以S公司名義和美國L公司合作，以「地方審批」方式向大陸廣州申請了三個公司，趕在1996年4月1日之前取得了營業執照，依規定可以享受機器設備免進口關稅的優惠，不意，M公司當局（某財團）決定終止注入資金投資，乃和L公司發生爭議而仲裁，甲並被M公司終止契約，終止理由是：甲將原來應「中央審批」之投資案拆成三個進行「地方審批」取得營業執照，甲則認為這是為了享受進口設備免關稅的合理權宜措施，乃提起確認僱傭關係存在之訴，M公司則辯稱雙方為委任關係，本得隨時終止契約且甲違反大陸應「中央審批」之規定。

（二）最高法院判決

針對雙方之法律關係，最高法院[1]認為是「勞務契約」而非委任，理由如下：「……按當事人間因訂立契約而成立法律關係

NOTE

所衍生之紛爭應如何適用法律，固屬法院之職權，惟法院於適用法律前所應認定事實，除非當事人契約約定之內容違反強制或禁止規定而當然無效，可不受拘束外，仍應以該契約約定之具體內容為判斷基礎，不得捨當事人之特別約定，而遷就法律所規定之有名契約內容予以比附適用。查上訴人於事實審一再主張其與M公司間訂有擔任總經理之『勞動契約』，明定其受該公司『僱用』，應受該公司指揮監督，其資遣、退休、撫卹，均依勞動基準法及其施行細則或該公司有關規定辦理，又該公司為應業務需要，在不變更原有勞動條件原則下，調動伊職務或工作地點，伊應依限赴任，否則得終止『僱用關係』，另該公司於八十六年三月二十一日終止契約函中，表示將其『解僱』，已足認其與M公司間之關係為僱傭而非委任等情，原審未依該『勞動契約』所約定之具體內容，憑以認定事實，並依職權為法律之正確適用。僅以上訴人受聘為M公司之『總經理』，依公司法第三十一條及民法第五百三十三條第一項規定，有權為M公司管理事務及簽名，即認定上訴人與M公司間係成立委任關係，而忽略上訴人與M公司間之『勞動契約』中，另有異於民法第二編第二章第十節

---

❸ 最高法院91年度台上字第405號判決，引用本判決時M公司係代稱相同見解，見最高法院90年度台上字第1985號判決亦認為本件是「勞動契約」，此二判決發回更審後，不依上級審所表達之法律意見為判決，而一再更審，使訴訟不當延長，在此表示遺憾。

NOTE

『委任』規定之約定，未予優先適用該契約，以作為當事人間權利義務關係之判斷基礎，揆諸首揭說明，已嫌速斷。況有無『受公司指揮監督』，與有無『受公司授權代表公司』，為不同之概念。前者係以公司內部之上下服從及行政管理為其內涵，後者則以對外代表公司權限之有無為依歸。兩者並非必為相互排斥而無法併存，亦即須受公司指揮監督之公司職員，如獲公司授權對外代表公司，自得於為有效之法律行為後，將其法律效果歸屬於公司。」原審徒以：「僱傭關係之受僱人豈能亦豈敢自稱有權代表M公司為事關數十億元投資之簽約」為由，推認上訴人與M公司間之契約關係必非僱傭，亦屬無據。再者，原審又以：「嗣上訴人經M公司董事會決議改聘任為高級顧問，並擔任該公司轉投資之新加坡公司及○○公司董事兼董事長，『如係原契約之延續』，其延續後之契約仍屬委任契約之性質」等語，而以假設性之前提，作為認定上訴人受改聘為高級顧問時與M公司間法律關係之基礎，更屬難昭折服」。

（三）評釋

　　台籍幹部被派赴海外工作，原則上是擔任「經理級」以上之幹部，「領導」大陸及其他海外員工，但在我國法律實務上卻經常被解釋成：經理依公司第二十九條之規定為「委任關係」，並依民法第549條規定得隨時終止，不受勞基法的保障。

NOTE

　　針對經理是僱傭或委任，相關資料及見仁見智之資料相當多，其中，最引人注目的是最高法院判決認為「僱傭契約與委任契約最大不同在於：前者受僱人係如機械般為僱用人單位提供勞務，毫無為僱用人作決策之權；而後者，則受任人非如機械，以不違背委任人之意思為前提，可以基於委任人之利益為考量，為必要之處理」云云[19]，本文認為此二種見解一點都禁不起經驗之驗證，例如，女佣是僱傭而非委任，應該沒有人會有反對意見，但僱用人可能授權女佣一天買菜在一千元以內，女佣可以在該金額範圍內選擇她認為適合的各種菜，而非「如機械般為用人單位提供勞務」，又如，店員是僱傭關係，她可能被授權在九折之範圍內銷售，也非「如機械般」，再者，現在各界講究「知識經濟」及科技產業之年代，受僱人利用其知識為企業謀利，創造利潤，怎能將僱傭定義成「如機械般提供勞務」，可見法律之落後與不實際。按世界先進國家法學界多以是否有「從屬性」（Abhängigkeit，Unselbständigkeit）作為判斷是否為僱傭之基準[20]，獨我國最高法院及相關部分下級審法院以是否「如機械般提供勞務」為判斷基準，實有可議。

　　至少，當事人間已明訂書面之「勞動契約」及在契約條款中

---

[19] 參見最高法院85年台上字第2727號判決，89年度台上字第2702號判決。

NOTE

訂明「僱用」，終止契約時表明「解僱」時，法院即不應再違反
當事人明示之意思而作解釋！畢竟，最高法院早已有判例，「契
約文字業已表達當事人真意，無需別事探求者，即不得反捨契約
文字而更爲曲解」[21]！

伍、仍僱用外勞時得否資遣本國勞工

前面二、三論述「企業外移」投資海外時，所涉外派人員適
用勞基法之問題，接著，於本段探討「引進外勞」時，得否解僱
勞工之爭議：

一、案例

F公司因營業額下降，關掉部分生產線，解僱本國勞工，但
因公司內尚有部分外國勞工（外勞），本國勞工乃依就業服務法
第42條（修正前第41條「……聘僱外國人工作，不得妨礙本國人
之就業機會……」）抗辯，主張終止契約不合法，究竟，在尚有
僱用外勞之情形下，企業得否資遣本國員工？

---

[20] 詳見拙著，勞動基準法實用，第一冊，第3頁以下，秋田成就，勞動契
約論，載於沼田稻次郎還曆紀念「勞働法の基本問題」，第515頁，昭
和49年5月，Zöllner, Arbeitsrecht, S.45、48、68，1983。
[21] 最高法院十七年上字第一一一八號判例。

NOTE

- -

- -

- -

二、否定說

有判決認爲，在仍有僱用外勞之情形下，不得資遣本國勞工，理由如下：

按「爲保障國民工作權，聘僱外國人工作，不得妨礙本國人之就業機會、勞動條件、國民經濟發展及社會安定」。修正前就業服務法第四十一條（修正後爲同法第四十二條）定有明文。是許可雇主聘僱外國人工作，只是要補充國內工作人力之不足，並非讓雇主得享有廉價外籍勞工，藉以妨礙本國人民就業機會及勞動條件，而侵害憲法所保障之工作權。準此，如事業單位（雇主）有聘僱外籍勞工，因故需資遣員工時，事業單位（雇主）在資遣本國員工前，應先徵詢本國員工是否願意擔任外勞所從事之工作，以避免影響本國勞工就業權益。如本國勞工與外籍勞工均從事同一性質工作，雇主自應先裁減外籍勞工，否則即屬妨礙本國人之就業機會。次按雇主進行裁員解僱時，被解僱者之選擇，亦應有一定標準，不可任由雇主恣意爲之。當雇主因經濟上之原因而需解僱勞工時，允宜盡量減少對勞工之衝擊。此際除非雇主已決定歇業、解散、終局的結束營業，本質上不得不資遣全部員工外，其餘裁員解僱之情形下均僅是資遣部分員工，則如何從多數勞工中過濾出資遣對象，而留用其餘勞工，自不得憑雇主任意爲之，且在法律有規定之情形下，自應循法律所規定之順序，資遣勞工。而上開就業服務法第四十二條已經明確揭櫫『聘

NOTE

僱外國人不得妨礙本國人之就業機會』之意旨，是雇主聘僱本國勞工與外籍勞工均從事同一性質工作，於有資遣員工之需要時，自應先資遣外國人，以符上開保障本國人就業機會之旨趣，如雇主解雇（資遣）員工違反上開規定，其終止勞動契約之行為應屬無效。」經查：被告於九十年一月十五日終止與原告張○○、徐○○間之勞動契約時，原告張○○所擔任機械維修部門，除原告張○○外，尚有二名外籍勞工等情，業經證人劉○○結證在卷；又證人徐福進亦證稱略以徐○○在職時，其單位有九名外籍勞工，徐○○被資遣後，仍有九名外籍勞工，一直到九十年十二月間才離開等語，是被告終止其與張○○、徐○○之勞動契約時，被告同時聘有各該本國人（即原告張○○、徐○○）與外國人從事同一性質之工作，是縱被告確有資遣員工之需要，惟被告並未先資遣擔任同一性質工作之外籍勞工，卻終止與原告張○○、徐○○之勞動契約，應認已經違背修正前就業服務法第四十一條之規定[22]。

三、肯定說

　　但也有判決認為，縱仍僱有外勞，但只要符合勞基法資遣之規定，仍得資遣本國勞工，理由如下：

---

[22] 參見桃園地方法院91年度勞訴字第七號判決。

NOTE

「原告主張被告資遣十三名本國員工，卻仍留用另四名外籍勞工，已違反就業服務法第四十一條之規定云云。按就業服務法第四十一條固規定『為保障國民工作權，聘僱外國人工作，不得妨礙本國人之就業機會、勞動條件、國民經濟發展及社會安定』。查聘僱外國人工作，尤其是引進外籍勞工，並非由一般民眾或公司行號自行決定是否聘僱，而是須經由行政院勞委會核准，故該條之規定乃係規範引進外籍勞工之政策，而非規範一般民眾或公司行號，主管機關在決定是否核准申請聘僱外籍勞工，准許之人數若干，自應參酌上開規定之意旨及實際需要而定，一旦經主管機關核准聘僱外籍勞工，縱因此會減少本國勞工受聘僱之機會，亦無違上開就業服務法之規定。本件被告聘僱之外籍勞工既是經行政院勞委會核准引進者，則在公司縮減業務情形下，應資遣、留用本國勞工或外籍勞工，雇主當可斟酌公司業務情況自行決定，雖本件被告決定資遣本國勞工而留用外籍勞工，亦不得認是違背就業服務法第四十一條之規定。……」[23]

四、最高法院判決

台灣高等法院95年度上更（一）字第3號判決，採肯定

---

[23] 參見台南地方法院八十六年度勞訴字第五號判決，本件因撤回上訴而一審確定。

NOTE

....

....

....

....

說，認為就業服務法第42條（修正前第41條）僅規範國家勞工政策之總體管制及提出努力方向而已，非個體管制及具體裁判依據，依該條規定於適用時另須斟酌「國民經濟發展」之構成要件，苟跳脫上開規範功能而論及個案、各別勞工之就業機會及工作權，任何一外勞之雇用，皆有妨礙本國勞工就業機會之情形，惟勞委會迄今仍引進外勞，核准企業僱用外勞豈非違法，故就政策言，此乃不得已仍須引進外勞，如以企業外移與引進外勞二者相較，對於本國勞工就業、工作權之保障言，應認雖引進外勞但因仍雇用大部分本國勞工，較企業外移除少數臺灣幹部外，大部分係雇用陸勞或外勞之情形為佳，從而引進外勞實乃不得已之政策，就服法第五章規範外勞之引進，係自總體方面管制，提出努力之方向而已。修正前就服法第41條之適用，僅得在「就業機會」、「勞動條件」、「國民經濟發展」及「社會安定」四項目的作總體性之管制，俾該四項目的取得總體性之平衡，不得作為具體、個別的權利義務關係之規範依據。簡言之，引進任何一個外勞，當然妨礙本國勞工之就業機會及勞動條件，然不得援引此規定而禁止企業全面僱用外勞，而應由主管機關於決定是否批准企業僱用外勞時，自總體面衡量對本國勞工就業機會及勞動條件影響之程度是否達妨礙之程度決之，如已妨礙本國勞工就業機會之程度，即不應再准許企業僱用

NOTE

外勞。況企業聘僱外國人工作，尤以僱用外勞，非由企業自行決定是否聘僱、僱用，而須經勞委會核准，是修正前就服法第41條乃規範引進外勞之政策，非規範一般民眾或公司行號、企業等，主管機關在規定是否核准申請聘僱外勞，准許之人數若干，自應參酌上開規定之意旨及實際需要而定，一旦經主管機關核准聘僱、僱用外勞，縱因而減少本國勞工受聘僱、僱用之機會，亦無違反修正前就服法第41條之規定。上訴人聘僱、僱用外勞既經勞委會核准引進者，則在上訴人前聘僱、僱用外勞既經勞委會核准引進者，刞在上訴人虧損情形下，應資遣、留用本勞工或外勞，其當可斟酌公司業務情況自行決定，本件上訴人決定資遣本國勞工而留用外勞（因外勞僱用期間尚未屆滿，詳後述），亦不得認定違反修正前就服法第41條之規定」。以上判決為最高法院96年度台上字第1579號裁定所支持，勞方之上訴被駁回而確定。惟上述台灣高等法院之判決為「上更（一）字」，即判決前係經最高法院判決發回台灣高等法院更審之案件，將其發回之最高法院94年度台上字第2339號判決認為「就業服務法第42條應優先勞基法之適用…倘外國勞工所從事之工作，本國勞工亦可以從事而且願意從事時，為貫徹保障國民工作權之精神，僱主即不得終止其與本國勞工間之勞動契約而繼續聘僱外國勞工…」。

NOTE

<hr>

<hr>

<hr>

<hr>

五、本文見解

基於就業服務法之主要、直接「義務人」是主管機關而非企業，而就業服務法是公法，不得直接規範私法關係之觀點，加上亦競爭因素，本文贊同肯定說之見解，如企業確實符合勞基法第十一條及「大量解僱勞工保護法」之規定，縱仍留用外勞，仍應得依法資遣本國勞工。上述案件，即在本人確信之見解之努力下，獲得勝訴確定。

陸、結語

三、四十年以來，台灣由農業社會快速工商業化，我們已經習慣於高成長及所得快速增加，並以此或以相似經驗之歐美之經驗、制度，處理勞資關係。如今面對大陸及東南亞十八億低成本勞動力之競爭，因其量大，足以改變過去經驗中的供需關係，而使經濟及勞資關係發生巨大變化，本文中所論述的海外投資所涉台幹的勞基法爭議，不論是海外津貼是否工資、台幹之法律保障，以及仍僱用外勞之情形下得否資遣本國員工，均具有相當代表性。

面對十八億低成本勞動力的競爭，作者對台灣企業之前景及勞工之權益，不免憂心。面對未來，作者認為勞工應與企業結合形成「國際競爭共同體」，以一種新的勞動共同體思想，面對

NOTE

國際激烈競爭。對於類似海外津貼之情形，宜參酌國際尤其是大
陸、東南亞之情形，視其是否有雙重退休制度以及退休金之計算
是否包括海外津貼，此種解釋方法近於利益衡量之方法，而非傳
統概念法學之邏輯推論，而利益衡量之實體法基礎，則包括勞基
法第一條「勞動條件最低基準」及契約自由限制之界線等理由。
其次，台灣人民被派往海外工作也是面對大陸、東南亞競爭之必
然趨勢（新外勞），在此SARS流行之時觀之，台幹離鄉背井，實
在辛苦，自應得到相對之保障及釐清相關法律關係，無奈，法界
卻經常出現「經理係委任，得隨時終止」之見解，使位居管理階
層的台幹無法獲得法律保障，實屬遺憾，為支持台幹跨海西征、
南征，應回歸傳統法學以「從屬性」（Abhängigkeit）作為判斷之
依據，尤其應尊重雙方當事人約定僱傭關係或勞動契約之特約。

　　最後，企業引進外勞本係減輕外移壓力之因素之一，而經主
管機關核准引進外勞之企業，如因發生虧損、業務緊縮等符合資
遣規定之情形，亦應准許資遣，而無就業服務法第42條（修正前
第41條）之適用，畢竟，資遣、調整組織，企業能繼續生存，留
存勞工之工作權，才有機會（註：本文曾發表於法官協會雜誌第
五卷第一期，經補充最新資料）。

NOTE

第18講
總結原理與經驗、案例

近年來本所承辦跨國（區）人才案例（一）

1、駐外津貼1——航空業（台北、香港、上海）

2、駐外津貼2——製造業（台北、越南、昆山）

3、離職後之競業禁止——生物科技（美國、台北、北京）

4、離職後之保密義務——機械類（台北、昆山）

近年來本所承辦跨國（區）人才案例（二）

5、離職後之保密義務——金融業（台北、香港、上海、新加坡、德國）

6、跨國（區）調職與解僱——捷運業（德國、台北、北京）

7、跨國（區）調職與解僱——日用品業（美國、台北、馬來西亞、上海）

8、美國經濟間諜法——化工（美國、台北、南京）

NOTE

1、駐外津貼案1
- ·跨台北、香港、上海及世界二十國
- ·跨國（區）勞動法之適用
  - ——屬地性強
  - ——合意之準據法及公序良俗條款
  - ——各地不同福利、津貼及勞動法解釋
  - ——各地稅法、稅負補貼及勞動法解釋
- ·駐外津貼爭議
- ·工資之定義：經常性給與

2、駐外津貼案2
- ·製造業
- ·跨台北、越南、昆山、維爾京群島
- ·駐外津貼由維爾京群島公司支付、台灣公司代付
- ·法院判決

3、離職後之競業禁止案
- ·生物科技業
- ·美國、台北、北京
- ·美國公司對離職員工Injuction影響、北京、台北之銷售
- ·北京、台北之反訴

NOTE

4、離職後之保密義務

- ・離職員工之創業與低價競爭
- ・搶奪客戶
- ・民事
- ・刑事

5、離職後之保密義務及不公平競爭

- ・金幣業──台北、香港、上海、新加坡、德國
- ・福祿壽生肖金幣（暢銷商品之秘密）
- ・台北、上海、新加坡之訴訟
- ・長期訴訟對創業者不利

6、跨國（區）調職與解僱1

- ・捷運業──德國、北京、台北
- ・調職與保證離開北京兩年內不終止
- ・副總經理是委任？勞動關係？
- ・大陸的規定

7、跨國（區）調職與解僱2

- ・日用品業──美國、台北、上海、馬來西亞
- ・調職權與誰是雇主

NOTE

‧主管對勞災的責任與解僱之合法性
‧協理與委任、勞動關係

8-1、美國經濟間諜法與中國反不正當競爭法（一）
‧1996年立法
‧常以亞洲人為追訴
‧經濟間諜罪：十五年以下，一千萬美金以下罰金
‧竊取營業秘密罪：十年以下，五百萬美金以下罰金
‧「意圖」竊取、取得──引誘入罪
‧美國境外之行為

8-2、美國經濟間諜法與中國反不正當競爭法（二）
‧中國反不正當競爭法──第10條
‧關於禁止侵害商業秘密行為的若干規定
　　──舉證責任
　　──被申請人不能提供合法證明
‧南京高院案例

綜合分析（一）
1、全球化用人與本土化
2、人才跨國（區）流動與法律限制

NOTE

....

....

....

....

3、跨國（區）調動與勞資權益

4、跨國（區）用人與成本

5、國際慣例與本國法之解釋

綜合分析（二）

6、國際勞動法與ILO公約

7、高科技之國際投資與人才流動之法律規範

8、企業權益與勞工創業之利益衡量

9、跨國（區）企業之公平競爭

10、勞動法、知識產權法與競爭法之交集

中國勞動法之規範環境（一）

1、勞動力供應充裕與世界工廠

‧農民轉工

‧下岡

‧全球化之競爭力

‧量變引起質變，工商業之薄利時代

‧勞動法令之實效性

2、不景氣、競爭激烈化與裁員與勞動法二十七條

中國勞動法之規範環境（二）

NOTE

3、成本增加、產業變遷快速與非典型勞動合同、
- ・按件計酬
- ・承攬
- ・Part time

4、民營企業興起與挖角、兼職、營業秘密之保護

5、工作地點、關連企業與調職

6、裁判、仲裁、執行環境

如何爭取留用人才（一）

1、企業發展前景與法制

—— 危邦不入，亂邦不居（孟子）

—— 從企業掏空事件談起

2、薪資、福利與保險

3、租買房屋

hire-purchance

- ・以租金抵分期買之價金
- ・購屋時個人所得稅退稅

如何爭取、留用人才（二）

4、入股、股票期權

- ・保管

NOTE

‧限制轉讓與法令限制
‧質押與違約賠償
5、培訓、工作期間與違約責任
6、勞動法第99條之活用
　　──連帶賠償責任

勞動合同基本問題
‧勞動法規定應當訂閱勞動合同（＆1611）
‧書面形式訂立（＆19）
‧勞動合同違反法律、行政法規無效
　A、公法、私法？強制性？
　B、有利原則
‧勞動合同與集體合同
‧農轉工、合同與法律的實效性

適選勞動合同之類型
‧試用（六個月）
‧正式任用
‧定期
‧不定期

NOTE

・一般職
・技術職

注意勞動合同的必備內容（§ 19）
・合同期限
・工作內容
・勞動保護
・勞動條件、報酬
・勞動紀律
・終止合同的條件
・違反合同的責任

勞動合同的補充內容
・保守商業秘密條款（§ 22）
　A、在職期間之保密
　B、離職後保密
・知識產權之歸屬、使用權
・不得侵占、帶走公司財物
・兼職的規範

勞動合同的消滅（一）

NOTE

_____

_____

_____

_____

_____

‧經濟性

　A、預告裁減人員（§27）-破產、經營嚴重困難、報告

　B、預告解除合同（§26）

　　　a、不能勝任（培訓、調整工作）

　　　b、客觀重大變化（自動化、遷廠）

　　　c、非公傷病，醫療期滿，不能工作又無法另行安排

勞動合同的消滅（二）

‧經濟補償

　A、一年一個月

　B、醫療補助費

‧備案

‧工會要求重新處理

‧不得解除之情形

　A、職業病、因工（公）受傷

　B、在醫療期間

　C、孕、產、哺乳期

勞動合同的消滅（三）

‧違紀、失職

　A、試用不符條件

NOTE

B、違反勞動紀律

C、違反用人單位規章

D、嚴重失職、營私舞弊

E、被依法追究刑責

勞動合同的消滅（四）

．合同期滿（§23）

A、經濟補償？

B、勞動合同終止條件出現（§23）

合同爭議之調解、仲裁、訴訟

（台北）蔚理法律事務所

電話：（02）25528919

網址：www.weli.com.tw

信箱：penny9451@gmail.com

地址：104 台北市中山區錦西街62號

NOTE

附錄1
法規名稱：勞動基準法

修正日期：民國109年6月10日

第 一 章　總則

第 1 條　為規定勞動條件最低標準，保障勞工權益，加強勞雇
　　　　關係，促進社會與經濟發展，特制定本法；本法未規
　　　　定者，適用其他法律之規定。
　　　　雇主與勞工所訂勞動條件，不得低於本法所定之最低
　　　　標準。

第 2 條　本法用詞，定義如下：
　　　　一、勞工：指受雇主僱用從事工作獲致工資者。
　　　　二、雇主：指僱用勞工之事業主、事業經營之負責人
　　　　　　或代表事業主處理有關勞工事務之人。
　　　　三、工資：指勞工因工作而獲得之報酬；包括工資、
　　　　　　薪金及按計時、計日、計月、計件以現金或實物
　　　　　　等方式給付之獎金、津貼及其他任何名義之經常

NOTE

性給與均屬之。

四、平均工資：指計算事由發生之當日前六個月內所得工資總額除以該期間之總日數所得之金額。工作未滿六個月者，指工作期間所得工資總額除以工作期間之總日數所得之金額。工資按工作日數、時數或論件計算者，其依上述方式計算之平均工資，如少於該期內工資總額除以實際工作日數所得金額百分之六十者，以百分之六十計。

五、事業單位：指適用本法各業僱用勞工從事工作之機構。

六、勞動契約：指約定勞雇關係而具有從屬性之契約。

七、派遣事業單位：指從事勞動派遣業務之事業單位。

八、要派單位：指依據要派契約，實際指揮監督管理派遣勞工從事工作者

九、派遣勞工：指受派遣事業單位僱用，並向要派單位提供勞務者。

十、要派契約：指要派單位與派遣事業單位就勞動派遣事項所訂立之契約。

第 3 條　本法於左列各業適用之：

NOTE

....

....

....

....

一、農、林、漁、牧業。

二、礦業及土石採取業。

三、製造業。

四、營造業。

五、水電、煤氣業。

六、運輸、倉儲及通信業。

七、大眾傳播業。

八、其他經中央主管機關指定之事業。

依前項第八款指定時，得就事業之部分工作場所或工作者指定適用。

本法適用於一切勞雇關係。但因經營型態、管理制度及工作特性等因素適用本法確有窒礙難行者，並經中央主管機關指定公告之行業或工作者，不適用之。

前項因窒礙難行而不適用本法者，不得逾第一項第一款至第七款以外勞工總數五分之一。

第 4 條　本法所稱主管機關：在中央為勞動部；在直轄市為直轄市政府；在縣（市）為縣（市）政府。

第 5 條　雇主不得以強暴、脅迫、拘禁或其他非法之方法，強制勞工從事勞動。

第 6 條　任何人不得介入他人之勞動契約，抽取不法利益。

第 7 條　雇主應置備勞工名卡，登記勞工之姓名、性別、出生

NOTE

　　　　年月日、本籍、教育程度、住址、身分證統一號碼、
　　　　到職年月日、工資、勞工保險投保日期、獎懲、傷病
　　　　及其他必要事項。
　　　　前項勞工名卡，應保管至勞工離職後五年。
第 8 條　雇主對於僱用之勞工，應預防職業上災害，建立適當
　　　　之工作環境及福利設施。其有關安全衛生及福利事
　　　　項，依有關法律之規定。

第 二 章　勞動契約

第 9 條　勞動契約，分為定期契約及不定期契約。臨時性、短
　　　　期性季節性及特定性工作得為定期契約；有繼續性工
　　　　作應為不定期契約。派遣事業單位與派遣勞工訂定之
　　　　勞動契約，應為不定期契約。
　　　　定期契約屆滿後，有下列情形之一，視為不定期契
　　　　約：
　　　　一、勞工繼續工作而雇主不即表示反對意思者。
　　　　二、雖經另訂新約，惟其前後勞動契約之工作期間超
　　　　　　過九十日，前後契約間斷期間未超過三十日者。
　　　　前項規定於特定性或季節性之定期工作不適用之。
第 9-1 條　未符合下列規定者，雇主不得與勞工為離職後競業禁
　　　　止之約定：
　　　　一、雇主有應受保護之正當營業利益。

NOTE

二、勞工擔任之職位或職務，能接觸或使用雇主之營業秘密。

三、競業禁止之期間、區域、職業活動之範圍及就業對象，未逾合理範疇。

四、雇主對勞工因不從事競業行爲所受損失有合理補償。

前項第四款所定合理補償，不包括勞工於工作期間所受領之給付。

違反第一項各款規定之一者，其約定無效。

離職後競業禁止之期間，最長不得逾二年。逾二年者，縮短爲二年。

第 10 條 定期契約屆滿後或不定期契約因故停止履行後，未滿三個月而訂定新約或繼續履行原約時，勞工前後工作年資，應合併計算。

第 10-1 條 雇主調動勞工工作，不得違反勞動契約之約定，並應符合下列原則：

一、基於企業經營上所必須，且不得有不當動機及目的。但法律另有規定者，從其規定。

二、對勞工之工資及其他勞動條件，未作不利之變更。

三、調動後工作爲勞工體能及技術可勝任。

NOTE

四、調動工作地點過遠，雇主應予以必要之協助。

五、考量勞工及其家庭之生活利益。

第 11 條　非有左列情事之一者，雇主不得預告勞工終止勞動契約：

一、歇業或轉讓時。

二、虧損或業務緊縮時。

三、不可抗力暫停工作在一個月以上時。

四、業務性質變更，有減少勞工之必要，又無適當工作可供安置時。

五、勞工對於所擔任之工作確不能勝任時。

第 12 條　勞工有左列情形之一者，雇主得不經預告終止契約：

一、於訂立勞動契約時為虛偽意思表示，使雇主誤信而有受損害之虞者。

二、對於雇主、雇主家屬、雇主代理人或其他共同工作之勞工，實施暴行或有重大侮辱之行為者。

三、受有期徒刑以上刑之宣告確定，而未諭知緩刑或未准易科罰金者。

四、違反勞動契約或工作規則，情節重大者。

五、故意損耗機器、工具、原料、產品，或其他雇主所有物品，或故意洩漏雇主技術上、營業上之秘密，致雇主受有損害者。

NOTE

六、無正當理由繼續曠工三日，或一個月內曠工達六
　　日者。

雇主依前項第一款、第二款及第四款至第六款規定終
止契約者，應自知悉其情形之日起，三十日內為之。

第 13 條　勞工在第五十條規定之停止工作期間或第五十九條規
　　　　定之醫療期間，雇主不得終止契約。但雇主因天災、
　　　　事變或其他不可抗力致事業不能繼續，經報主管機關
　　　　核定者，不在此限。

第 14 條　有下列情形之一者，勞工得不經預告終止契約：

一、雇主於訂立勞動契約時為虛偽之意思表示，使勞
　　工誤信而有受損害之虞者。

二、雇主、雇主家屬、雇主代理人對於勞工，實施暴
　　行或有重大侮辱之行為者。

三、契約所訂之工作，對於勞工健康有危害之虞，經
　　通知雇主改善而無效果者。

四、雇主、雇主代理人或其他勞工患有法定傳染病，
　　對共同工作之勞工有傳染之虞，且重大危害其健
　　康者。

五、雇主不依勞動契約給付工作報酬，或對於按件計
　　酬之勞工不供給充分之工作者。

六、雇主違反勞動契約或勞工法令，致有損害勞工權

NOTE

益之虞者。

勞工依前項第一款、第六款規定終止契約者，應自知悉其情形之日起，三十日內為之。但雇主有前項第六款所定情形者，勞工得於知悉損害結果之日起，三十日內為之。

有第一項第二款或第四款情形，雇主已將該代理人間之契約終止，或患有法定傳染病者依衛生法規已接受治療時，勞工不得終止契約。

第十七條規定於本條終止契約準用之。

第 15 條　特定性定期契約期限逾三年者，於屆滿三年後，勞工得終止契約。但應於三十日前預告雇主。

不定期契約，勞工終止契約時，應準用第十六條第一項規定期間預告雇主。

第 15-1 條　未符合下列規定之一，雇主不得與勞工為最低服務年限之約定：

一、雇主為勞工進行專業技術培訓，並提供該項培訓費用者。

二、雇主為使勞工遵守最低服務年限之約定，提供其合理補償者。

前項最低服務年限之約定，應就下列事項綜合考量，不得逾合理範圍：

NOTE

一、雇主為勞工進行專業技術培訓之期間及成本。

二、從事相同或類似職務之勞工，其人力替補可能性。

三、雇主提供勞工補償之額度及範圍。

四、其他影響最低服務年限合理性之事項。

違反前二項規定者，其約定無效。

勞動契約因不可歸責於勞工之事由而於最低服務年限屆滿前終止者，勞工不負違反最低服務年限約定或返還訓練費用之責任。

第 16 條　雇主依第十一條或第十三條但書規定終止勞動契約者，其預告期間依左列各款之規定：

一、繼續工作三個月以上一年未滿者，於十日前預告之。

二、繼續工作一年以上三年未滿者，於二十日前預告之。

三、繼續工作三年以上者，於三十日前預告之。

勞工於接到前項預告後，為另謀工作得於工作時間請假外出。其請假時數，每星期不得超過二日之工作時間，請假期間之工資照給。

雇主未依第一項規定期間預告而終止契約者，應給付預告期間之工資。

NOTE

第 17 條　雇主依前條終止勞動契約者，應依下列規定發給勞工
　　　　　資遣費：
　　　　　一、在同一雇主之事業單位繼續工作，每滿一年發給
　　　　　　　相當於一個月平均工資之資遣費。
　　　　　二、依前款計算之剩餘月數，或工作未滿一年者，以
　　　　　　　比例計給之。未滿一個月者以一個月計。
　　　　　前項所定資遣費，雇主應於終止勞動契約三十日內發
　　　　　給。

第 17-1 條　要派單位不得於派遣事業單位與派遣勞工簽訂勞動契
　　　　　約前，有面試該派遣勞工或其他指定特定派遣勞工之
　　　　　行為。
　　　　　要派單位違反前項規定，且已受領派遣勞工勞務者，
　　　　　派遣勞工得於要派單位提供勞務之日起九十日內，以
　　　　　書面向要派單位提出訂定勞動契約之意思表示。
　　　　　要派單位應自前項派遣勞工意思表示到達之日起十日
　　　　　內，與其協商訂定勞動契約。逾期未協商或協商不成
　　　　　立者，視為雙方自期滿翌日成立勞動契約，並以派遣
　　　　　勞工於要派單位工作期間之勞動條件為勞動契約內
　　　　　容。
　　　　　派遣事業單位及要派單位不得因派遣勞工提出第二項
　　　　　意思表示，而予以解僱、降調、減薪、損害其依法

NOTE

令、契約或習慣上所應享有之權益，或其他不利之處分。

派遣事業單位及要派單位為前項行為之一者，無效。

派遣勞工因第二項及第三項規定與要派單位成立勞動契約者，其與派遣事業單位之勞動契約視為終止，且不負違反最低服務年限約定或返還訓練費用之責任。

前項派遣事業單位應依本法或勞工退休金條例規定之給付標準及期限，發給派遣勞工退休金或資遣費。

第 18 條　有左列情形之一者，勞工不得向雇主請求加發預告期間工資及資遣費：

一、依第十二條或第十五條規定終止勞動契約者。

二、定期勞動契約期滿離職者。

第 19 條　勞動契約終止時，勞工如請求發給服務證明書，雇主或其代理人不得拒絕。

第 20 條　事業單位改組或轉讓時，除新舊雇主商定留用之勞工外，其餘勞工應依第十六條規定期間預告終止契約，並應依第十七條規定發給勞工資遣費。其留用勞工之工作年資，應由新雇主繼續予以承認。

第 三 章　工資

第 21 條　工資由勞雇雙方議定之。但不得低於基本工資。

前項基本工資，由中央主管機關設基本工資審議委員

NOTE

　　　　會擬訂後，報請行政院核定之。

　　　　前項基本工資審議委員會之組織及其審議程序等事項，由中央主管機關另以辦法定之。

第 22 條　工資之給付，應以法定通用貨幣為之。但基於習慣或業務性質，得於勞動契約內訂明一部以實物給付之。

　　　　工資之一部以實物給付時，其實物之作價應公平合理，並適合勞工及其家屬之需要。

　　　　工資應全額直接給付勞工。但法令另有規定或勞雇雙方另有約定者，不在此限。

第 22-1 條　派遣事業單位積欠派遣勞工工資，經主管機關處罰或依第二十七條規定限期令其給付而屆期未給付者，派遣勞工得請求要派單位給付。要派單位應自派遣勞工請求之日起三十日內給付之。

　　　　要派單位依前項規定給付者，得向派遣事業單位求償或扣抵要派契約之應付費用。

第 23 條　工資之給付，除當事人有特別約定或按月預付者外，每月至少定期發給二次，並應提供工資各項目計算方式明細；按件計酬者亦同。

　　　　雇主應置備勞工工資清冊，將發放工資、工資各項目計算方式明細、工資總額等事項記入。工資清冊應保存五年。

NOTE

第 24 條　雇主延長勞工工作時間者，其延長工作時間之工資，
　　　　　依下列標準加給：
　　　　　一、延長工作時間在二小時以內者，按平日每小時工
　　　　　　　資額加給三分之一以上。
　　　　　二、再延長工作時間在二小時以內者，按平日每小時
　　　　　　　工資額加給三分之二以上。
　　　　　三、依第三十二條第四項規定，延長工作時間者，按
　　　　　　　平日每小時工資額加倍發給。
　　　　　雇主使勞工於第三十六條所定休息日工作，工作時間
　　　　　在二小時以內者，其工資按平日每小時工資額另再加
　　　　　給一又三分之一以上；工作二小時後再繼續工作者，
　　　　　按平日每小時工資額另再加給一又三分之二以上。
第 25 條　雇主對勞工不得因性別而有差別之待遇。工作相同、
　　　　　效率相同者，給付同等之工資。
第 26 條　雇主不得預扣勞工工資作為違約金或賠償費用。
第 27 條　雇主不按期給付工資者，主管機關得限期令其給付。
第 28 條　雇主有歇業、清算或宣告破產之情事時，勞工之下列
　　　　　債權受償順序與第一順位抵押權、質權或留置權所擔
　　　　　保之債權相同，按其債權比例受清償；未獲清償部
　　　　　分，有最優先受清償之權：
　　　　　一、本於勞動契約所積欠之工資未滿六個月部分。

NOTE

_____

_____

_____

_____

二、雇主未依本法給付之退休金。

三、雇主未依本法或勞工退休金條例給付之資遣費。

雇主應按其當月僱用勞工投保薪資總額及規定之費率，繳納一定數額之積欠工資墊償基金，作為墊償下列各款之用：

一、前項第一款積欠之工資數額。

二、前項第二款與第三款積欠之退休金及資遣費，其合計數額以六個月平均工資為限。

積欠工資墊償基金，累積至一定金額後，應降低費率或暫停收繳。

第二項費率，由中央主管機關於萬分之十五範圍內擬訂，報請行政院核定之。

雇主積欠之工資、退休金及資遣費，經勞工請求未獲清償者，由積欠工資墊償基金依第二項規定墊償之；雇主應於規定期限內，將墊款償還積欠工資墊償基金。

積欠工資墊償基金，由中央主管機關設管理委員會管理之。基金之收繳有關業務，得由中央主管機關，委託勞工保險機構辦理之。基金墊償程序、收繳與管理辦法、第三項之一定金額及管理委員會組織規程，由中央主管機關定之。

NOTE

第 29 條　事業單位於營業年度終了結算，如有盈餘，除繳納稅捐、彌補虧損及提列股息、公積金外，對於全年工作並無過失之勞工，應給與獎金或分配紅利。

第 四 章　工作時間、休息、休假

第 30 條　勞工正常工作時間，每日不得超過八小時，每週不得超過四十小時。

前項正常工作時間，雇主經工會同意，如事業單位無工會者，經勞資會議同意後，得將其二週內二日之正常工作時數，分配於其他工作日。其分配於其他工作日之時數，每日不得超過二小時。但每週工作總時數不得超過四十八小時。

第一項正常工作時間，雇主經工會同意，如事業單位無工會者，經勞資會議同意後，得將八週內之正常工作時數加以分配。但每日正常工作時間不得超過八小時，每週工作總時數不得超過四十八小時。

前二項規定，僅適用於經中央主管機關指定之行業。

雇主應置備勞工出勤紀錄，並保存五年。

前項出勤紀錄，應逐日記載勞工出勤情形至分鐘為止。勞工向雇主申請其出勤紀錄副本或影本時，雇主不得拒絕。

雇主不得以第一項正常工作時間之修正，作為減少勞

NOTE

工工資之事由。

第一項至第三項及第三十條之一之正常工作時間，雇主得視勞工照顧家庭成員需要，允許勞工於不變更每日正常工作時數下，在一小時範圍內，彈性調整工作開始及終止之時間。

第 30-1 條 中央主管機關指定之行業，雇主經工會同意，如事業單位無工會者，經勞資會議同意後，其工作時間得依下列原則變更：

一、四週內正常工作時數分配於其他工作日之時數，每日不得超過二小時，不受前條第二項至第四項規定之限制。

二、當日正常工作時間達十小時者，其延長之工作時間不得超過二小時。

三、女性勞工，除妊娠或哺乳期間者外，於夜間工作，不受第四十九條第一項之限制。但雇主應提供必要之安全衛生設施。

依中華民國八十五年十二月二十七日修正施行前第三條規定適用本法之行業，除第一項第一款之農、林、漁、牧業外，均不適用前項規定。

第 31 條 在坑道或隧道內工作之勞工，以入坑口時起至出坑口時止為工作時間。

NOTE

第 32 條　雇主有使勞工在正常工作時間以外工作之必要者，雇主經工會同意，如事業單位無工會者，經勞資會議同意後，得將工作時間延長之。

前項雇主延長勞工之工作時間連同正常工作時間，一日不得超過十二小時；延長之工作時間，一個月不得超過四十六小時，但雇主經工會同意，如事業單位無工會者，經勞資會議同意後，延長之工作時間，一個月不得超過五十四小時，每三個月不得超過一百三十八小時。

雇主僱用勞工人數在三十人以上，依前項但書規定延長勞工工作時間者，應報當地主管機關備查。

因天災、事變或突發事件，雇主有使勞工在正常工作時間以外工作之必要者，得將工作時間延長之。但應於延長開始後二十四小時內通知工會；無工會組織者，應報當地主管機關備查。延長之工作時間，雇主應於事後補給勞工以適當之休息。

在坑內工作之勞工，其工作時間不得延長。但以監視為主之工作，或有前項所定之情形者，不在此限。

第 32-1 條　雇主依第三十二條第一項及第二項規定使勞工延長工作時間，或使勞工於第三十六條所定休息日工作後，依勞工意願選擇補休並經雇主同意者，應依勞工工作

NOTE

之時數計算補休時數。

前項之補休，其補休期限由勞雇雙方協商；補休期限屆期或契約終止未補休之時數，應依延長工作時間或休息日工作當日之工資計算標準發給工資；未發給工資者，依違反第二十四條規定論處。

第 33 條　第三條所列事業，除製造業及礦業外，因公眾之生活便利或其他特殊原因，有調整第三十條、第三十二條所定之正常工作時間及延長工作時間之必要者，得由當地主管機關會商目的事業主管機關及工會，就必要之限度內以命令調整之。

第 34 條　勞工工作採輪班制者，其工作班次，每週更換一次。但經勞工同意者不在此限。

依前項更換班次時，至少應有連續十一小時之休息時間。但因工作特性或特殊原因，經中央目的事業主管機關商請中央主管機關公告者，得變更休息時間不少於連續八小時。

雇主依前項但書規定變更休息時間者，應經工會同意，如事業單位無工會者，經勞資會議同意後，始得為之。雇主僱用勞工人數在三十人以上者，應報當地主管機關備查。

第 35 條　勞工繼續工作四小時，至少應有三十分鐘之休息。但

NOTE

　　　　　實行輪班制或其工作有連續性或緊急性者，雇主得在
工作時間內，另行調配其休息時間。

第36條　勞工每七日中應有二日之休息，其中一日爲例假，一
日爲休息日。

雇主有下列情形之一，不受前項規定之限制：

一、依第三十條第二項規定變更正常工作時間者，勞
工每七日中至少應有一日之例假，每二週內之例
假及休息日至少應有四日。

二、依第三十條第三項規定變更正常工作時間者，勞
工每七日中至少應有一日之例假，每八週內之例
假及休息日至少應有十六日。

三、依第三十條之一規定變更正常工作時間者，勞工
每二週內至少應有二日之例假，每四週內之例假
及休息日至少應有八日。

雇主使勞工於休息日工作之時間，計入第三十二條第
二項所定延長工作時間總數。但因天災、事變或突發
事件，雇主有使勞工於休息日工作之必要者，其工作
時數不受第三十二條第二項規定之限制。

經中央目的事業主管機關同意，且經中央主管機關指
定之行業，雇主得將第一項、第二項第一款及第二款
所定之例假，於每七日之週期內調整之。

NOTE

前項所定例假之調整，應經工會同意，如事業單位無工會者，經勞資會議同意後，始得爲之。雇主僱用勞工人數在三十人以上者，應報當地主管機關備查。

第 37 條 內政部所定應放假之紀念日、節日、勞動節及其他中央主管機關指定應放假日，均應休假。

中華民國一百零五年十二月六日修正之前項規定，自一百零六年一月一日施行。

第 38 條 勞工在同一雇主或事業單位，繼續工作滿一定期間者，應依下列規定給予特別休假：

一、六個月以上一年未滿者，三日。

二、一年以上二年未滿者，七日。

三、二年以上三年未滿者，十日。

四、三年以上五年未滿者，每年十四日。

五、五年以上十年未滿者，每年十五日。

六、十年以上者，每一年加給一日，加至三十日爲止。

前項之特別休假期日，由勞工排定之。但雇主基於企業經營上之急迫需求或勞工因個人因素，得與他方協商調整。

雇主應於勞工符合第一項所定之特別休假條件時，告知勞工依前二項規定排定特別休假。

NOTE

　　　　　勞工之特別休假，因年度終結或契約終止而未休之日數，雇主應發給工資。但年度終結未休之日數，經勞雇雙方協商遞延至次一年度實施者，於次一年度終結或契約終止仍未休之日數，雇主應發給工資。

　　　　　雇主應將勞工每年特別休假之期日及未休之日數所發給之工資數額，記載於第二十三條所定之勞工工資清冊，並每年定期將其內容以書面通知勞工。

　　　　　勞工依本條主張權利時，雇主如認為其權利不存在，應負舉證責任。

第 39 條　第三十六條所定之例假、休息日、第三十七條所定之休假及第三十八條所定之特別休假，工資應由雇主照給。雇主經徵得勞工同意於休假日工作者，工資應加倍發給。因季節性關係有趕工必要，經勞工或工會同意照常工作者，亦同。

第 40 條　因天災、事變或突發事件，雇主認有繼續工作之必要時，得停止第三十六條至第三十八條所定勞工之假期。但停止假期之工資，應加倍發給，並應於事後補假休息。

　　　　　前項停止勞工假期，應於事後二十四小時內，詳述理由，報請當地主管機關核備。

第 41 條　公用事業之勞工，當地主管機關認有必要時，得停止

NOTE

第三十八條所定之特別休假。假期內之工資應由雇主加倍發給。

第 42 條 勞工因健康或其他正當理由，不能接受正常工作時間以外之工作者，雇主不得強制其工作。

第 43 條 勞工因婚、喪、疾病或其他正當事由得請假；請假應給之假期及事假以外期間內工資給付之最低標準，由中央主管機關定之。

第五章 童工、女工

第 44 條 十五歲以上未滿十六歲之受僱從事工作者，為童工。

童工及十六歲以上未滿十八歲之人，不得從事危險性或有害性之工作。

第 45 條 雇主不得僱用未滿十五歲之人從事工作。但國民中學畢業或經主管機關認定其工作性質及環境無礙其身心健康而許可者，不在此限。

前項受僱之人，準用童工保護之規定。

第一項工作性質及環境無礙其身心健康之認定基準、審查程序及其他應遵行事項之辦法，由中央主管機關依勞工年齡、工作性質及受國民義務教育之時間等因素定之。

未滿十五歲之人透過他人取得工作為第三人提供勞務，或直接為他人提供勞務取得報酬未具勞僱關係

NOTE

者，準用前項及童工保護之規定。

第 46 條　未滿十八歲之人受僱從事工作者，雇主應置備其法定代理人同意書及其年齡證明文件。

第 47 條　童工每日之工作時間不得超過八小時，每週之工作時間不得超過四十小時，例假日不得工作。

第 48 條　童工不得於午後八時至翌晨六時之時間內工作。

第 49 條　雇主不得使女工於午後十時至翌晨六時之時間內工作。但雇主經工會同意，如事業單位無工會者，經勞資會議同意後，且符合下列各款規定者，不在此限：

一、提供必要之安全衛生設施。

二、無大眾運輸工具可資運用時，提供交通工具或安排女工宿舍。

前項第一款所稱必要之安全衛生設施，其標準由中央主管機關定之。但雇主與勞工約定之安全衛生設施優於本法者，從其約定。

女工因健康或其他正當理由，不能於午後十時至翌晨六時之時間內工作者，雇主不得強制其工作。

第一項規定，於因天災、事變或突發事件，雇主必須使女工於午後十時至翌晨六時之時間內工作時，不適用之。

第一項但書及前項規定，於妊娠或哺乳期間之女工，

NOTE

不適用之。

法源資訊編：

本條文第 1 項規定「雇主不得使女工於午後 10 時至翌晨 6 時之時間內工作。但雇主經工會同意，如事業單位無工會者，經勞資會議同意後，且符合下列各款規定者，不在此限：一、提供必要之安全衛生設施。二、無大眾運輸工具可資運用時，提供交通工具或安排女工宿舍。」，依據司法院大法官民國 110 年 8 月 20 日釋字第 807 號解釋，違反憲法第 7 條保障性別平等之意旨，應自本解釋公布之日起失其效力。

第 50 條　女工分娩前後，應停止工作，給予產假八星期；妊娠三個月以上流產者，應停止工作，給予產假四星期。

前項女工受僱工作在六個月以上者，停止工作期間工資照給；未滿六個月者減半發給。

第 51 條　女工在妊娠期間，如有較為輕易之工作，得申請改調，雇主不得拒絕，並不得減少其工資。

第 52 條　子女未滿一歲須女工親自哺乳者，於第三十五條規定之休息時間外，雇主應每日另給哺乳時間二次，每次以三十分鐘為度。

前項哺乳時間，視為工作時間。

第 六 章　退休

NOTE

第 53 條　勞工有下列情形之一，得自請退休：

一、工作十五年以上年滿五十五歲者。

二、工作二十五年以上者。

三、工作十年以上年滿六十歲者。

第 54 條　勞工非有下列情形之一，雇主不得強制其退休：

一、年滿六十五歲者。

二、身心障礙不堪勝任工作者。

前項第一款所規定之年齡，對於擔任具有危險、堅強體力等特殊性質之工作者，得由事業單位報請中央主管機關予以調整。但不得少於五十五歲。

第 55 條　勞工退休金之給與標準如下：

一、按其工作年資，每滿一年給與兩個基數。但超過十五年之工作年資，每滿一年給與一個基數，最高總數以四十五個基數為限。未滿半年者以半年計；滿半年者以一年計。

二、依第五十四條第一項第二款規定，強制退休之勞工，其身心障礙係因執行職務所致者，依前款規定加給百分之二十。

前項第一款退休金基數之標準，係指核准退休時一個月平均工資。

第一項所定退休金，雇主應於勞工退休之日起三十日

NOTE

內給付，如無法一次發給時，得報經主管機關核定後，分期給付。本法施行前，事業單位原定退休標準優於本法者，從其規定。

第56條　雇主應依勞工每月薪資總額百分之二至百分之十五範圍內，按月提撥勞工退休準備金，專戶存儲，並不得作為讓與、扣押、抵銷或擔保之標的；其提撥之比率、程序及管理等事項之辦法，由中央主管機關擬訂，報請行政院核定之。

雇主應於每年年度終了前，估算前項勞工退休準備金專戶餘額，該餘額不足給付次一年度內預估成就第五十三條或第五十四條第一項第一款退休條件之勞工，依前條計算之退休金數額者，雇主應於次年度三月底前一次提撥其差額，並送事業單位勞工退休準備金監督委員會審議。

第一項雇主按月提撥之勞工退休準備金匯集為勞工退休基金，由中央主管機關設勞工退休基金監理委員會管理之；其組織、會議及其他相關事項，由中央主管機關定之。

前項基金之收支、保管及運用，由中央主管機關會同財政部委託金融機構辦理。最低收益不得低於當地銀行二年定期存款利率之收益；如有虧損，由國庫補足

NOTE

之。基金之收支、保管及運用辦法，由中央主管機關
擬訂，報請行政院核定之。

雇主所提撥勞工退休準備金，應由勞工與雇主共同組
織勞工退休準備金監督委員會監督之。委員會中勞工
代表人數不得少於三分之二；其組織準則，由中央主
管機關定之。

雇主按月提撥之勞工退休準備金比率之擬訂或調整，
應經事業單位勞工退休準備金監督委員會審議通過，
並報請當地主管機關核定。

金融機構辦理核貸業務，需查核該事業單位勞工退休
準備金提撥狀況之必要資料時，得請當地主管機關提
供。

金融機構依前項取得之資料，應負保密義務，並確實
辦理資料安全稽核作業。

前二項有關勞工退休準備金必要資料之內容、範圍、
申請程序及其他應遵行事項之辦法，由中央主管機關
會商金融監督管理委員會定之。

第57條　勞工工作年資以服務同一事業者為限。但受同一雇主
　　　　調動之工作年資，及依第二十條規定應由新雇主繼續
　　　　予以承認之年資，應予併計。

第58條　勞工請領退休金之權利，自退休之次月起，因五年間

NOTE

....

....

....

不行使而消滅。

勞工請領退休金之權利，不得讓與、抵銷、扣押或供擔保。

勞工依本法規定請領勞工退休金者，得檢具證明文件，於金融機構開立專戶，專供存入勞工退休金之用。

前項專戶內之存款，不得作為抵銷、扣押、供擔保或強制執行之標的。

第七章　職業災害補償

第 59 條　勞工因遭遇職業災害而致死亡、失能、傷害或疾病時，雇主應依下列規定予以補償。但如同一事故，依勞工保險條例或其他法令規定，已由雇主支付費用補償者，雇主得予以抵充之：

一、勞工受傷或罹患職業病時，雇主應補償其必需之醫療費用。職業病之種類及其醫療範圍，依勞工保險條例有關之規定。

二、勞工在醫療中不能工作時，雇主應按其原領工資數額予以補償。但醫療期間屆滿二年仍未能痊癒，經指定之醫院診斷，審定為喪失原有工作能力，且不合第三款之失能給付標準者，雇主得一次給付四十個月之平均工資後，免除此項工資補

NOTE

償責任。

三、勞工經治療終止後，經指定之醫院診斷，審定其
遺存障害者，雇主應按其平均工資及其失能程
度，一次給予失能補償。失能補償標準，依勞工
保險條例有關之規定。

四、勞工遭遇職業傷害或罹患職業病而死亡時，雇主
除給與五個月平均工資之喪葬費外，並應一次給
與其遺屬四十個月平均工資之死亡補償。

其遺屬受領死亡補償之順位如下：

（一）配偶及子女。

（二）父母。

（三）祖父母。

（四）孫子女。

（五）兄弟姐妹。

第 60 條　雇主依前條規定給付之補償金額，得抵充就同一事故
所生損害之賠償金額。

第 61 條　第五十九條之受領補償權，自得受領之日起，因二年
間不行使而消滅。

受領補償之權利，不因勞工之離職而受影響，且不得
讓與、抵銷、扣押或供擔保。

勞工或其遺屬依本法規定受領職業災害補償金者，得

NOTE

　　　　檢具證明文件，於金融機構開立專戶，專供存入職業
　　　　災害補償金之用。
　　　　前項專戶內之存款，不得作為抵銷、扣押、供擔保或
　　　　強制執行之標的。

第 62 條　事業單位以其事業招人承攬，如有再承攬時，承攬人
　　　　或中間承攬人，就各該承攬部分所使用之勞工，均應
　　　　與最後承攬人，連帶負本章所定雇主應負職業災害補
　　　　償之責任。
　　　　事業單位或承攬人或中間承攬人，為前項之災害補償
　　　　時，就其所補償之部分，得向最後承攬人求償。

第 63 條　承攬人或再承攬人工作場所，在原事業單位工作場所
　　　　範圍內，或為原事業單位提供者，原事業單位應督促
　　　　承攬人或再承攬人，對其所僱用勞工之勞動條件應符
　　　　合有關法令之規定。
　　　　事業單位違背職業安全衛生法有關對於承攬人、再承
　　　　攬人應負責任之規定，致承攬人或再承攬人所僱用之
　　　　勞工發生職業災害時，應與該承攬人、再承攬人負連
　　　　帶補償責任。

第 63-1 條　要派單位使用派遣勞工發生職業災害時，要派單位應
　　　　與派遣事業單位連帶負本章所定雇主應負職業災害補
　　　　償之責任。

NOTE

....

....

....

....

前項之職業災害依勞工保險條例或其他法令規定，已由要派單位或派遣事業單位支付費用補償者，得主張抵充。

要派單位及派遣事業單位因違反本法或有關安全衛生規定，致派遣勞工發生職業災害時，應連帶負損害賠償之責任。

要派單位或派遣事業單位依本法規定給付之補償金額，得抵充就同一事故所生損害之賠償金額。

第 八 章　技術生

第 64 條　雇主不得招收未滿十五歲之人為技術生。但國民中學畢業者，不在此限。

稱技術生者，指依中央主管機關規定之技術生訓練職類中以學習技能為目的，依本章之規定而接受雇主訓練之人。

本章規定，於事業單位之養成工、見習生、建教合作班之學生及其他與技術生性質相類之人，準用之。

第 65 條　雇主招收技術生時，須與技術生簽訂書面訓練契約一式三份，訂明訓練項目、訓練期限、膳宿負擔、生活津貼、相關教學、勞工保險、結業證明、契約生效與解除之條件及其他有關雙方權利、義務事項，由當事人分執，並送主管機關備案。

NOTE

前項技術生如為未成年人，其訓練契約，應得法定代理人之允許。

第 66 條 雇主不得向技術生收取有關訓練費用。

第 67 條 技術生訓練期滿，雇主得留用之，並應與同等工作之勞工享受同等之待遇。雇主如於技術生訓練契約內訂明留用期間，應不得超過其訓練期間。

第 68 條 技術生人數，不得超過勞工人數四分之一。勞工人數不滿四人者，以四人計。

第 69 條 本法第四章工作時間、休息、休假，第五章童工、女工，第七章災害補償及其他勞工保險等有關規定，於技術生準用之。

技術生災害補償所採薪資計算之標準，不得低於基本工資。

第 九 章　工作規則

第 70 條 雇主僱用勞工人數在三十人以上者，應依其事業性質，就左列事項訂立工作規則，報請主管機關核備後並公開揭示之：

一、工作時間、休息、休假、國定紀念日、特別休假及繼續性工作之輪班方法。

二、工資之標準、計算方法及發放日期。

三、延長工作時間。

NOTE

四、津貼及獎金。

五、應遵守之紀律。

六、考勤、請假、獎懲及升遷。

七、受僱、解僱、資遣、離職及退休。

八、災害傷病補償及撫卹。

九、福利措施。

十、勞雇雙方應遵守勞工安全衛生規定。

十一、勞雇雙方溝通意見加強合作之方法。

十二、其他。

第 71 條　工作規則，違反法令之強制或禁止規定或其他有關該事業適用之團體協約規定者，無效。

第 十 章　監督與檢查

第 72 條　中央主管機關，為貫徹本法及其他勞工法令之執行，設勞工檢查機構或授權直轄市主管機關專設檢查機構辦理之；直轄市、縣（市）主管機關於必要時，亦得派員實施檢查。

前項勞工檢查機構之組織，由中央主管機關定之。

第 73 條　檢查員執行職務，應出示檢查證，各事業單位不得拒絕。事業單位拒絕檢查時，檢查員得會同當地主管機關或警察機關強制檢查之。

檢查員執行職務，得就本法規定事項，要求事業單位

NOTE

提出必要之報告、紀錄、帳冊及有關文件或書面說明。如需抽取物料、樣品或資料時,應事先通知雇主或其代理人並掣給收據。

第 74 條 勞工發現事業單位違反本法及其他勞工法令規定時,得向雇主、主管機關或檢查機構申訴。

雇主不得因勞工為前項申訴,而予以解僱、降調、減薪、損害其依法令、契約或習慣上所應享有之權益,或其他不利之處分。

雇主為前項行為之一者,無效。

主管機關或檢查機構於接獲第一項申訴後,應為必要之調查,並於六十日內將處理情形,以書面通知勞工。

主管機關或檢查機構應對申訴人身分資料嚴守秘密,不得洩漏足以識別其身分之資訊。

違反前項規定者,除公務員應依法追究刑事與行政責任外,對因此受有損害之勞工,應負損害賠償責任。

主管機關受理檢舉案件之保密及其他應遵行事項之辦法,由中央主管機關定之。

第十一章 罰則

第 75 條 違反第五條規定者,處五年以下有期徒刑、拘役或科或併科新臺幣七十五萬元以下罰金。

NOTE

_____

_____

_____

_____

第 76 條　違反第六條規定者，處三年以下有期徒刑、拘役或科或併科新臺幣四十五萬元以下罰金。

第 77 條　違反第四十二條、第四十四條第二項、第四十五條第一項、第四十七條、第四十八條、第四十九條第三項或第六十四條第一項規定者，處六個月以下有期徒刑、拘役或科或併科新臺幣三十萬元以下罰金。

第 78 條　未依第十七條、第十七條之一第七項、第五十五條規定之標準或期限給付者，處新臺幣三十萬元以上一百五十萬元以下罰鍰，並限期令其給付，屆期未給付者，應按次處罰。

違反第十三條、第十七條之一第一項、第四項、第二十六條、第五十條、第五十一條或第五十六條第二項規定者，處新臺幣九萬元以上四十五萬元以下罰鍰。

第 79 條　有下列各款規定行為之一者，處新臺幣二萬元以上一百萬元以下罰鍰：

一、違反第二十一條第一項、第二十二條至第二十五條、第三十條第一項至第三項、第六項、第七項、第三十二條、第三十四條至第四十一條、第四十九條第一項或第五十九條規定。

二、違反主管機關依第二十七條限期給付工資或第

NOTE

三十三條調整工作時間之命令。

三、違反中央主管機關依第四十三條所定假期或事假以外期間內工資給付之最低標準。

違反第三十條第五項或第四十九條第五項規定者,處新臺幣九萬元以上四十五萬元以下罰鍰。

違反第七條、第九條第一項、第十六條、第十九條、第二十八條第二項、第四十六條、第五十六條第一項、第六十五條第一項、第六十六條至第六十八條、第七十條或第七十四條第二項規定者,處新臺幣二萬元以上三十萬元以下罰鍰。

有前三項規定行為之一者,主管機關得依事業規模、違反人數或違反情節,加重其罰鍰至法定罰鍰最高額二分之一。

第79-1條　違反第四十五條第二項、第四項、第六十四條第三項及第六十九條第一項準用規定之處罰,適用本法罰則章規定。

第80條　拒絕、規避或阻撓勞工檢查員依法執行職務者,處新臺幣三萬元以上十五萬元以下罰鍰。

第80-1條　違反本法經主管機關處以罰鍰者,主管機關應公布其事業單位或事業主之名稱、負責人姓名、處分期日、違反條文及罰鍰金額,並限期令其改善;屆期未改善

NOTE

....

....

....

....

者，應按次處罰。

主管機關裁處罰鍰，得審酌與違反行為有關之勞工人數、累計違法次數或未依法給付之金額，為量罰輕重之標準。

第 81 條　法人之代表人、法人或自然人之代理人、受僱人或其他從業人員，因執行業務違反本法規定，除依本章規定處罰行為人外，對該法人或自然人並應處以各該條所定之罰金或罰鍰。但法人之代表人或自然人對於違反之發生，已盡力為防止行為者，不在此限。

法人之代表人或自然人教唆或縱容為違反之行為者，以行為人論。

第 82 條　本法所定之罰鍰，經主管機關催繳，仍不繳納時，得移送法院強制執行。

第十二章　附則

第 83 條　為協調勞資關係，促進勞資合作，提高工作效率，事業單位應舉辦勞資會議。其辦法由中央主管機關會同經濟部訂定，並報行政院核定。

第 84 條　公務員兼具勞工身分者，其有關任（派）免、薪資、獎懲、退休、撫卹及保險（含職業災害）等事項，應適用公務員法令之規定。但其他所定勞動條件優於本法規定者，從其規定。

NOTE

第 84-1 條　經中央主管機關核定公告之下列工作者，得由勞雇雙
　　　　　　方另行約定，工作時間、例假、休假、女性夜間工
　　　　　　作，並報請當地主管機關核備，不受第三十條、第
　　　　　　三十二條、第三十六條、第三十七條、第四十九條規
　　　　　　定之限制。
　　　　　　一、監督、管理人員或責任制專業人員。
　　　　　　二、監視性或間歇性之工作。
　　　　　　三、其他性質特殊之工作。
　　　　　　前項約定應以書面為之，並應參考本法所定之基準且
　　　　　　不得損及勞工之健康及福祉。

第 84-2 條　勞工工作年資自受僱之日起算，適用本法前之工作年
　　　　　　資，其資遣費及退休金給與標準，依其當時應適用之
　　　　　　法令規定計算；當時無法令可資適用者，依各該事業
　　　　　　單位自訂之規定或勞雇雙方之協商計算之。適用本法
　　　　　　後之工作年資，其資遣費及退休金給與標準，依第
　　　　　　十七條及第五十五條規定計算。

第 85 條　　本法施行細則，由中央主管機關擬定，報請行政院核
　　　　　　定。

第 86 條　　本法自公布日施行。
　　　　　　本法中華民國八十九年六月二十八日修正公布之第
　　　　　　三十條第一項及第二項，自九十年一月一日施行；

NOTE

_____

_____

_____

_____

一百零四年二月四日修正公布之第二十八條第一項，自公布後八個月施行；一百零四年六月三日修正公布之條文，自一百零五年一月一日施行；一百零五年十二月二十一日修正公布之第三十四條第二項施行日期，由行政院定之、第三十七條及第三十八條，自一百零六年一月一日施行。

本法中華民國一百零七年一月十日修正之條文，自一百零七年三月一日施行。

NOTE

附錄2

法規名稱：勞動事件法

公布日期：民國 107 年 12 月 05 日

第一章　總則

第 1 條

為迅速、妥適、專業、有效、平等處理勞動事件，保障勞資雙方權益及促進勞資關係和諧，進而謀求健全社會共同生活，特制定本法。

第 2 條

本法所稱勞動事件，係指下列事件：

一、基於勞工法令、團體協約、工作規則、勞資會議決議、勞動契約、勞動習慣及其他勞動關係所生民事上權利義務之爭議。

二、建教生與建教合作機構基於高級中等學校建教合作實施及建教生權益保障法、建教訓練契約及其他建教合作關係所生民事上權利義務之爭議。

NOTE

三、因性別工作平等之違反、就業歧視、職業災害、工會活動與
　　爭議行為、競業禁止及其他因勞動關係所生之侵權行為爭
　　議。

與前項事件相牽連之民事事件，得與其合併起訴，或於其訴訟繫
屬中為追加或提起反訴。

第 3 條

本法所稱勞工，係指下列之人：

一、受僱人及其他基於從屬關係提供其勞動力而獲致報酬之人。

二、技術生、養成工、見習生、建教生、學徒及其他與技術生性
　　質相類之人。

三、求職者。

本法所稱雇主，係指下列之人：

一、僱用人、代表雇主行使管理權之人，或依據要派契約，實際
　　指揮監督管理派遣勞工從事工作之人。

二、招收技術生、養成工、見習生、建教生、學徒及其他與技術
　　生性質相類之人者或建教合作機構。

三、招募求職者之人。

第 4 條

為處理勞動事件，各級法院應設立勞動專業法庭（以下簡稱勞動
法庭）。但法官員額較少之法院，得僅設專股以勞動法庭名義辦
理之。

NOTE

前項勞動法庭法官，應遴選具有勞動法相關學識、經驗者任之。
勞動法庭或專股之設置方式，與各該法院民事庭之事務分配，其
法官之遴選資格、方式、任期，以及其他有關事項，由司法院定
之。

第 5 條

以勞工爲原告之勞動事件，勞務提供地或被告之住所、居所、事
務所、營業所所在地在中華民國境內者，由中華民國法院審判管
轄。

勞動事件之審判管轄合意，違反前項規定者，勞工得不受拘束。

第 6 條

勞動事件以勞工爲原告者，由被告住所、居所、主營業所、主事
務所所在地或原告之勞務提供地法院管轄；以雇主爲原告者，由
被告住所、居所、現在或最後之勞務提供地法院管轄。

前項雇主爲原告者，勞工得於爲本案言詞辯論前，聲請將該訴訟
事件移送於其所選定有管轄權之法院。但經勞動調解不成立而續
行訴訟者，不得爲之。

關於前項聲請之裁定，得爲抗告。

第 7 條

勞動事件之第一審管轄合意，如當事人之一造爲勞工，按其情形
顯失公平者，勞工得逕向其他有管轄權之法院起訴；勞工爲被告
者，得於本案言詞辯論前，聲請移送於其所選定有管轄權之法

NOTE

院，但經勞動調解不成立而續行訴訟者，不得為之。

關於前項聲請之裁定，得為抗告。

第 8 條

法院處理勞動事件，應迅速進行，依事件性質，擬定調解或審理計畫，並於適當時期行調解或言詞辯論。

當事人應以誠信方式協力於前項程序之進行，並適時提出事實及證據。

第 9 條

勞工得於期日偕同由工會或財團法人於章程所定目的範圍內選派之人到場為輔佐人，不適用民事訴訟法第七十六條第一項經審判長許可之規定。

前項之工會、財團法人及輔佐人，不得向勞工請求報酬。

第一項之輔佐人不適為訴訟行為，或其行為違反勞工利益者，審判長得於程序進行中以裁定禁止其為輔佐人。

前項規定，於受命法官行準備程序時準用之。

第 10 條

受聘僱從事就業服務法第四十六條第一項第八款至第十款所定工作之外國人，經審判長許可，委任私立就業服務機構之負責人、職員、受僱人或從業人員為其勞動事件之訴訟代理人者，有害於委任人之權益時，審判長得以裁定撤銷其許可。

第 11 條

NOTE

因定期給付涉訟，其訴訟標的之價額，以權利存續期間之收入總數爲準；期間未確定時，應推定其存續期間。但超過五年者，以五年計算。

第 12 條

因確認僱傭關係或給付工資、退休金或資遣費涉訟，勞工或工會起訴或上訴，暫免徵收裁判費三分之二。

因前項給付聲請強制執行時，其執行標的金額超過新臺幣二十萬元者，該超過部分暫免徵收執行費，由執行所得扣還之。

第 13 條

工會依民事訴訟法第四十四條之一及本法第四十二條提起之訴訟，其訴訟標的金額或價額超過新臺幣一百萬元者，超過部分暫免徵收裁判費。

工會依第四十條規定提起之訴訟，免徵裁判費。

第 14 條

勞工符合社會救助法規定之低收入戶、中低收入戶，或符合特殊境遇家庭扶助條例第四條第一項之特殊境遇家庭，其聲請訴訟救助者，視爲無資力支出訴訟費用。

勞工或其遺屬因職業災害提起勞動訴訟，法院應依其聲請，以裁定准予訴訟救助。但顯無勝訴之望者，不在此限。

第 15 條

有關勞動事件之處理，依本法之規定；本法未規定者，適用民事

NOTE

....

....

....

....

訴訟法及強制執行法之規定。

第二章　勞動調解程序

第 16 條

勞動事件，除有下列情形之一者外，於起訴前，應經法院行勞動調解程序：

一、有民事訴訟法第四百零六條第一項第二款、第四款、第五款所定情形之一。

二、因性別工作平等法第十二條所生爭議。

前項事件當事人逕向法院起訴者，視為調解之聲請。

不合於第一項規定之勞動事件，當事人亦得於起訴前，聲請勞動調解。

第 17 條

勞動調解事件，除別有規定外，由管轄勞動事件之法院管轄。

第六條第二項、第三項及第七條規定，於勞動調解程序準用之。但勞工聲請移送，應於第一次調解期日前為之。

第 18 條

聲請勞動調解及其他期日外之聲明或陳述，應以書狀為之。但調解標的之金額或價額在新臺幣五十萬元以下者，得以言詞為之。

以言詞為前項之聲請、聲明或陳述，應於法院書記官前以言詞為之；書記官應作成筆錄，並於筆錄內簽名。

聲請書狀或筆錄，應載明下列各款事項：

NOTE

一、聲請人之姓名、住所或居所；聲請人為法人、機關或其他團
　　體者，其名稱及公務所、事務所或營業所。

二、相對人之姓名、住所或居所；相對人為法人、機關或其他團
　　體者，其名稱及公務所、事務所或營業所。

三、有法定代理人者，其姓名、住所或居所，及法定代理人與關
　　係人之關係。

四、聲請之意旨及其原因事實。

五、供證明或釋明用之證據。

六、附屬文件及其件數。

七、法院。

八、年、月、日。

聲請書狀或筆錄內宜記載下列各款事項：

一、聲請人、相對人、其他利害關係人、法定代理人之性別、出
　　生年月日、職業、身分證件號碼、營利事業統一編號、電話
　　號碼及其他足資辨別之特徵。

二、有利害關係人者，其姓名、住所或居所。

三、定法院管轄及其適用程序所必要之事項。

四、有其他相關事件繫屬於法院者，其事件。

五、預期可能之爭點及其相關之重要事實、證據。

六、當事人間曾為之交涉或其他至調解聲請時之經過概要。

第 19 條

NOTE

相牽連之數宗勞動事件，法院得依聲請或依職權合併調解。

兩造得合意聲請將相牽連之民事事件合併於勞動事件調解，並視為就該民事事件已有民事調解之聲請。

合併調解之民事事件，如已繫屬於法院者，原民事程序停止進行。調解成立時，程序終結；調解不成立時，程序繼續進行。

合併調解之民事事件，如原未繫屬於法院者，調解不成立時，依當事人之意願，移付民事裁判程序或其他程序；其不願移付者，程序終結。

第 20 條

法院應遴聘就勞動關係或勞資事務具有專門學識、經驗者為勞動調解委員。

法院遴聘前項勞動調解委員時，委員之任一性別比例不得少於遴聘總人數三分之一。

關於勞動調解委員之資格、遴聘、考核、訓練、解任及報酬等事項，由司法院定之。

民事訴訟法有關法院職員迴避之規定，於勞動調解委員準用之。

第 21 條

勞動調解，由勞動法庭之法官一人及勞動調解委員二人組成勞動調解委員會行之。

前項勞動調解委員，由法院斟酌調解委員之學識經驗、勞動調解委員會之妥適組成及其他情事指定之。

NOTE

勞動調解委員應基於中立、公正之立場,處理勞動調解事件。

關於調解委員之指定事項,由司法院定之。

第 22 條

調解之聲請不合法者,勞動法庭之法官應以裁定駁回之。但其情形可以補正者,應定期間先命補正。

下列事項,亦由勞動法庭之法官為之:

一、關於審判權之裁定。

二、關於管轄權之裁定。

勞動法庭之法官不得逕以不能調解或顯無調解必要或調解顯無成立之望,或已經其他法定調解機關調解未成立為理由,裁定駁回調解之聲請。

第 23 條

勞動調解委員會行調解時,由該委員會之法官指揮其程序。

調解期日,由勞動調解委員會之法官,依職權儘速定之;除有前條第一項、第二項情形或其他特別事由外,並應於勞動調解聲請之日起三十日內,指定第一次調解期日。

第 24 條

勞動調解程序,除有特別情事外,應於三個月內以三次期日內終結之。

當事人應儘早提出事實及證據,除有不可歸責於己之事由外,應於第二次期日終結前為之。

NOTE

勞動調解委員會應儘速聽取當事人之陳述、整理相關之爭點與證據，適時曉諭當事人訴訟之可能結果，並得依聲請或依職權調查事實及必要之證據。

前項調查證據之結果，應使當事人及知悉之利害關係人有到場陳述意見之機會。

第 25 條

勞動調解程序不公開。但勞動調解委員會認為適當時，得許就事件無妨礙之人旁聽。

因性別工作平等法第十二條所生勞動事件，勞動調解委員會審酌事件情節、勞工身心狀況與意願，認為適當者，得以利用遮蔽或視訊設備為適當隔離之方式行勞動調解。

第 26 條

勞動調解，經當事人合意，並記載於調解筆錄時成立。

前項調解成立，與確定判決有同一之效力。

第 27 條

勞動調解經兩造合意，得由勞動調解委員會酌定解決事件之調解條款。

前項調解條款之酌定，除兩造另有約定外，以調解委員會過半數之意見定之；關於數額之評議，意見各不達過半數時，以次多額之意見定之。

調解條款，應作成書面，記明年月日，或由書記官記明於調解程

NOTE

序筆錄。其經勞動調解委員會之法官及勞動調解委員全體簽名者，視爲調解成立。前項經法官及勞動調解委員簽名之書面，視爲調解筆錄。

前二項之簽名，勞動調解委員中有因故不能簽名者，由法官附記其事由；法官因故不能簽名者，由勞動調解委員附記之。

第 28 條

當事人不能合意成立調解時，勞動調解委員會應依職權斟酌一切情形，並求兩造利益之平衡，於不違反兩造之主要意思範圍內，提出解決事件之適當方案。

前項方案，得確認當事人間權利義務關係、命給付金錢、交付特定標的物或爲其他財產上給付，或定解決個別勞動紛爭之適當事項，並應記載方案之理由要旨，由法官及勞動調解委員全體簽名。

勞動調解委員會認爲適當時，得於全體當事人均到場之調解期日，以言詞告知適當方案之內容及理由，並由書記官記載於調解筆錄。

第一項之適當方案，準用前條第二項、第五項之規定。

第 29 條

除依前條第三項規定告知者外，適當方案應送達於當事人及參加調解之利害關係人。

當事人或參加調解之利害關係人，對於前項方案，得於送達或受

NOTE

_____

_____

_____

_____

告知日後十日之不變期間內，提出異議。

於前項期間內合法提出異議者，視爲調解不成立，法院並應告知或通知當事人及參加調解之利害關係人；未於前項期間內合法提出異議者，視爲已依該方案成立調解。

依前項規定調解不成立者，除調解聲請人於受告知或通知後十日之不變期間內，向法院爲反對續行訴訟程序之意思外，應續行訴訟程序，並視爲自調解聲請時，已經起訴；其於第一項適當方案送達前起訴者，亦同。以起訴視爲調解者，仍自起訴時發生訴訟繫屬之效力。

依前項情形續行訴訟程序者，由參與勞動調解委員會之法官爲之。

第 30 條

調解程序中，勞動調解委員或法官所爲之勸導，及當事人所爲不利於己之陳述或讓步，於調解不成立後之本案訴訟，不得採爲裁判之基礎。

前項陳述或讓步，係就訴訟標的、事實、證據或其他得處分之事項成立書面協議者，當事人應受其拘束。但經兩造同意變更，或因不可歸責於當事人之事由或依其他情形，協議顯失公平者，不在此限。

第 31 條

勞動調解委員會參酌事件之性質，認爲進行勞動調解不利於紛爭

NOTE

之迅速與妥適解決，或不能依職權提出適當方案者，視為調解不成立，並告知或通知當事人。

有前項及其他調解不成立之情形者，準用第二十九條第四項、第五項之規定。

第三章　訴訟程序

第 32 條

勞動事件，法院應以一次期日辯論終結為原則，第一審並應於六個月內審結。但因案情繁雜或審理上之必要者，不在此限。

為言詞辯論期日之準備，法院應儘速釐清相關爭點，並得為下列處置：

一、命當事人就準備書狀為補充陳述、提出書證與相關物證，必要時並得諭知期限及失權效果。

二、請求機關或公法人提供有關文件或公務資訊。

三、命當事人本人到場。

四、通知當事人一造所稱之證人及鑑定人於言詞辯論期日到場。

五、聘請勞動調解委員參與諮詢。

法院為前項之處置時，應告知兩造。

因性別工作平等法第十二條所生勞動事件，法院審酌事件情節、勞工身心狀況與意願，認為適當者，得不公開審判，或利用遮蔽、視訊等設備為適當隔離。

第 33 條

NOTE

法院審理勞動事件，為維護當事人間實質公平，應闡明當事人提出必要之事實，並得依職權調查必要之證據。

勞工與雇主間以定型化契約訂立證據契約，依其情形顯失公平者，勞工不受拘束。

第 34 條

法院審理勞動事件時，得審酌就處理同一事件而由主管機關指派調解人、組成委員會或法院勞動調解委員會所調查之事實、證據資料、處分或解決事件之適當方案。

前項情形，應使當事人有辯論之機會。

第 35 條

勞工請求之事件，雇主就其依法令應備置之文書，有提出之義務。

第 36 條

文書、勘驗物或鑑定所需資料之持有人，無正當理由不從法院之命提出者，法院得以裁定處新臺幣三萬元以下罰鍰；於必要時並得以裁定命為強制處分。

前項強制處分之執行，準用強制執行法關於物之交付請求權執行之規定。

第一項裁定，得為抗告；處罰鍰之裁定，抗告中應停止執行。

法院為判斷第一項文書、勘驗物或鑑定所需資料之持有人有無不提出之正當理由，於必要時仍得命其提出，並以不公開方式行

NOTE

之。

當事人無正當理由不從第一項之命者，法院得認依該證物應證之事實爲眞實。

第 37 條

勞工與雇主間關於工資之爭執，經證明勞工本於勞動關係自雇主所受領之給付，推定爲勞工因工作而獲得之報酬。

第 38 條

出勤紀錄內記載之勞工出勤時間，推定勞工於該時間內經雇主同意而執行職務。

第 39 條

法院就勞工請求之勞動事件，判命雇主爲一定行爲或不行爲者，得依勞工之請求，同時命雇主如在判決確定後一定期限內未履行時，給付法院所酌定之補償金。

民事訴訟法第二百二十二條第二項規定，於前項法院酌定補償金時準用之。

第一項情形，逾法院所定期限後，勞工不得就行爲或不行爲請求，聲請強制執行。

第 40 條

工會於章程所定目的範圍內，得對侵害其多數會員利益之雇主，提起不作爲之訴。

前項訴訟，應委任律師代理訴訟。

NOTE

工會違反會員之利益而起訴者，法院應以裁定駁回其訴。

第一項訴訟之撤回、捨棄或和解，應經法院之許可。

第二項律師之酬金，為訴訟費用之一部，並應限定其最高額，其支給標準，由司法院參酌法務部及中華民國律師公會全國聯合會意見定之。

前四項規定，於第一項事件之調解程序準用之。

第 41 條

工會依民事訴訟法第四十四條之一第一項為選定之會員起訴，被選定人得於第一審言詞辯論終結前為訴之追加，並求對於被告確定選定人與被告間關於請求或法律關係之共通基礎前提要件是否存在之判決。

關於前項追加之訴，法院應先為辯論及裁判；原訴訟程序於前項追加之訴裁判確定以前，得裁定停止。

第一項追加之訴，不另徵收裁判費。

被選定人於同一事件提起第一項追加之訴，以一次為限。

第 42 條

被選定人依前條第一項為訴之追加者，法院得徵求被選定人之同意，或由被選定人聲請經法院認為適當時，公告曉示其他本於同一原因事實有共同利益之勞工，得於一定期間內以書狀表明下列事項，併案請求：

一、併案請求人、被告及法定代理人。

NOTE

二、請求併入之事件案號。

三、訴訟標的及其原因事實、證據。

四、應受判決事項之聲明。

其他有共同利益之勞工,亦得聲請法院依前項規定為公告曉示。

依第一項規定為併案請求之人,視為已選定。

被選定人於前條第一項追加之訴判決確定後三十日內,應以書狀表明為全體選定人請求之應受判決事項之聲明,並依法繳納裁判費。

前項情形,視為併案請求之人自併案請求時,已經起訴。

關於併案請求之程序,除本法別有規定外,準用民事訴訟法第四十四條之二規定。

第一項原被選定人不同意者,法院得依職權公告曉示其他共同利益勞工起訴,由法院併案審理。

第 43 條

工會應將民事訴訟法第四十四條之一及前條之訴訟所得,扣除訴訟必要費用後,分別交付為選定或視為選定之勞工,並不得請求報酬。

第 44 條

法院就勞工之給付請求,為雇主敗訴之判決時,應依職權宣告假執行。

前項情形,法院應同時宣告雇主得供擔保或將請求標的物提存而

NOTE

免爲假執行。

工會依民事訴訟法第四十四條之一及本法第四十二條所提訴訟，準用前二項之規定。

第 45 條

勞工對於民事訴訟法第四十四條之一及本法第四十二條訴訟之判決不服，於工會上訴期間屆滿前撤回選定者，得依法自行提起上訴。

工會於收受判決後，應即將其結果通知勞工，並應於七日內將是否提起上訴之意旨以書面通知勞工。

多數有共同利益之勞工，於在職期間依工會法無得加入之工會者，得選定同一工會聯合組織爲選定人起訴。但所選定之工會聯合組織，以於其章程所定目的範圍內，且勞務提供地、雇主之住所、居所、主營業所或主事務所所在地在其組織區域內者爲限。

多數有共同利益之勞工，於離職或退休時爲同一工會之會員者，於章程所定目的範圍內，得選定該工會爲選定人起訴。

民事訴訟法第四十四條之一第二項、第三項，及本法關於工會依民事訴訟法第四十四條之一第一項爲選定之會員起訴之規定，於第三項、第四項之訴訟準用之。

第四章　保全程序

第 46 條

勞工依勞資爭議處理法就民事爭議事件申請裁決者，於裁決決定

NOTE

前，得向法院聲請假扣押、假處分或定暫時狀態處分。

勞工於裁決決定書送達後，就裁決決定之請求，欲保全強制執行或避免損害之擴大，向法院聲請假扣押、假處分或定暫時狀態處分時，有下列情形之一者，得以裁決決定代替請求及假扣押、假處分或定暫時狀態處分原因之釋明，法院不得再命勞工供擔保後始為保全處分：

一、裁決決定經法院核定前。

二、雇主就裁決決定之同一事件向法院提起民事訴訟。

前二項情形，於裁決事件終結前，不適用民事訴訟法第五百二十九條第一項之規定。裁決決定未經法院核定，如勞工於受通知後三十日內就裁決決定之請求起訴者，不適用勞資爭議處理法第五十條第四項之規定。

第 47 條

勞工就請求給付工資、職業災害補償或賠償、退休金或資遣費、勞工保險條例第七十二條第一項及第三項之賠償與確認僱傭關係存在事件，聲請假扣押、假處分或定暫時狀態之處分者，法院依民事訴訟法第五百二十六條第二項、第三項所命供擔保之金額，不得高於請求標的金額或價額之十分之一。

前項情形，勞工釋明提供擔保於其生計有重大困難者，法院不得命提供擔保。

依民事訴訟法第四十四條之一或本法第四十二條規定選定之工

NOTE

會，聲請假扣押、假處分或定暫時狀態之處分者，準用前二項之規定。

第 48 條

勞工所提請求給付工資、職業災害補償或賠償、退休金或資遣費事件，法院發現進行訴訟造成其生計上之重大困難者，應闡明其得聲請命先為一定給付之定暫時狀態處分。

第 49 條

勞工提起確認僱傭關係存在之訴，法院認勞工有勝訴之望，且雇主繼續僱用非顯有重大困難者，得依勞工之聲請，為繼續僱用及給付工資之定暫時狀態處分。

第一審法院就前項訴訟判決僱傭關係存在者，第二審法院應依勞工之聲請為前項之處分。

前二項聲請，法院得為免供擔保之處分。

法院因勞工受本案敗訴判決確定而撤銷第一項、第二項處分之裁定時，得依雇主之聲請，在撤銷範圍內，同時命勞工返還其所受領之工資，並依聲請附加自受領時起之利息。但勞工已依第一項、第二項處分提供勞務者，不在此限。

前項命返還工資之裁定，得抗告，抗告中應停止執行。

第 50 條

勞工提起確認調動無效或回復原職之訴，法院認雇主調動勞工之工作，有違反勞工法令、團體協約、工作規則、勞資會議決議、

NOTE

勞動契約或勞動習慣之虞，且雇主依調動前原工作繼續僱用非顯有重大困難者，得經勞工之聲請，為依原工作或兩造所同意工作內容繼續僱用之定暫時狀態處分。

第五章 附 則

第 51 條

除別有規定外，本法於施行前發生之勞動事件亦適用之。

本法施行前已繫屬尚未終結之勞動事件，依其進行程度，由繫屬之法院依本法所定程序終結之，不適用第十六條第二項規定；其已依法定程序進行之行為，效力不受影響。

本法施行前已繫屬尚未終結之勞動事件，依繫屬時之法律或第六條第一項規定，定法院之管轄。

本法施行前已繫屬尚未終結之保全事件，由繫屬之法院依本法所定程序終結之。

第 52 條

本法施行細則及勞動事件審理細則，由司法院定之。

第 53 條

本法施行日期，由司法院定之。

NOTE

老闆對員工的照顧義務——
勞基法實用 1
呂榮海律師 著　　　　　修訂版

員工對老闆的效忠義務——
勞基法實用 2
呂榮海・俞慧君 合著

老闆對員工的照顧義務——
勞基法實用 3
呂榮海律師 著

勞 動 法 法 源
及其適用關係之研究
Rechtsquelle im Arbeitsrecht, Source of Labour Law
呂榮海律師 著

兩性工作平等法
Act of Equal Employment for Men and Women

俞慧君法官 著

蔚理法律

從批判的可能性看——
法律的客觀性

呂榮海律師 著

法律古文今用

台灣鵝湖書院
呂榮海 律師 主編
王玉青 碩士

呂良遠 攝影

中國投資法律暨案例研究

呂榮海律師 著

中華民國全國工業總會
辦理法律事務所 聯合發行

國家圖書館出版品預行編目資料

勞基法綱要 / 呂榮海著. -- 初版. -- 新北市：華夏出版有限公司，
2023.03
　　面；　　公分. --（簡易法律實用系列；01）
ISBN 978-626-7296-01-1（平裝）
1.CST：勞動基準法

556.84　　　　　　　　　　　　　　　　　112001450

簡易法律實用系列　001

勞基法綱要

著　　作　呂榮海
編輯策劃　蔚理有限公司・臺灣鵝湖書院
　　　　　臺北市 104 中山區錦西街62號
　　　　　電話：02-25528919
　　　　　Mail：Penny9451@gmail.com
印　　刷　百通科技股份有限公司
　　　　　電話：02-86926066　傳眞：02-86926016
出　　版　華夏出版有限公司
　　　　　220 新北市板橋區縣民大道 3 段 93 巷 30 弄 25 號 1 樓
　　　　　電話：02-32343788　傳眞：02-22234544
E - m a i l　pftwsdom@ms7.hinet.net
總 經 銷　貿騰發賣股份有限公司
　　　　　新北市 235 中和區立德街 136 號 6 樓
　　　　　電話：02-82275988　傳眞：02-82275989
　　　　　網址：www.namode.com
版　　次　2023 年 3 月初版—刷
特　　價　新台幣 280 元　　（缺頁或破損的書，請寄回更換）

ISBN-13：978-626-7296-01-1
《勞基法綱要》由呂榮海先生授權華夏出版有限公司
出版繁體字版